Canetti   Die Stimmen von Marrakesch

Elias Canetti
Die Stimmen von Marrakesch

Aufzeichnungen nach einer Reise

Carl Hanser Verlag

ISBN 3-446-12510-8
Alle Rechte vorbehalten
© 1978 Carl Hanser Verlag München Wien
für diese Ausgabe
© 1967 Elias Canetti, London
Gesamtherstellung: May & Co, Darmstadt
Printed in Germany

Für Veza Canetti

Begegnungen mit Kamelen

Dreimal kam ich mit Kamelen in Berührung und es endete jedesmal auf tragische Weise.

»Ich muß dir den Kamelmarkt zeigen«, sagte mein Freund, bald nach meiner Ankunft in Marrakesch. »Er findet jeden Donnerstag am Vormittag statt, vor der Mauer beim Bab-el-Khemis. Es ist ziemlich weit, auf der anderen Seite der Stadtmauer, ich fahre dich am besten hinaus.«

Der Donnerstag kam und wir fuhren hin. Es war schon spät; als wir am großen, freien Platz vor der Stadtmauer anlangten, war es Mittag geworden. Der Platz war beinahe leer. Am anderen Ende, einige zweihundert Meter von uns entfernt, stand eine Gruppe von Menschen; aber wir sahen keine Kamele. Die kleinen Tiere, mit denen die Leute sich abgaben, waren Esel, und von Eseln war die Stadt ohnehin voll; sie trugen alle Lasten und wurden so schlecht behandelt, daß man es schon gar nicht mehr sehen mochte. »Wir sind zu spät gekommen«, sagte mein Freund. »Der Kamelmarkt ist vorbei.« Er fuhr in die Mitte des Platzes, um mich davon zu überzeugen, daß wirklich nichts mehr zu sehen war.

Aber bevor er hielt, sahen wir eine Schar von Menschen auseinanderstieben. In ihrer Mitte stand ein Kamel auf drei Beinen, das vierte war ihm hinaufgebunden worden. Es hatte einen roten Maulkorb an, ein Strick war ihm durch die Nüstern gezogen worden, und ein Mann, der sich in einiger Entfernung hielt, suchte es daran fortzuziehen. Es rannte ein Stück vorwärts, blieb stehen und sprang dann überraschend auf seinen drei Beinen in die Höhe. Seine

Bewegungen waren so unerwartet wie unheimlich. Der Mann, der es führen sollte, gab jedesmal nach; er fürchtete sich davor, dem Tier zu nahe zu kommen und war nicht ganz sicher, was es als Nächstes unternehmen würde. Aber nach jeder Überraschung zog er wieder an und es gelang ihm, sehr langsam, das Tier in eine bestimmte Richtung zu zerren.

Wir blieben stehen und ließen das Fenster des Wagens herunter; bettelnde Kinder umringten uns, über ihren Stimmen, die um Almosen baten, hörten wir das Schreien des Kamels. Einmal sprang es mit solcher Kraft zur Seite, daß der Mann, der es zog, den Strick verlor. Die Menschen, die sich in einiger Entfernung hielten, rannten noch weiter davon. Die Luft um das Kamel war von Angst geladen; am meisten Angst hatte es selbst. Der Führer rannte ein Stück mit und packte blitzrasch den Strick, der am Boden schleifte. Das Kamel sprang mit einer wellenartigen Bewegung seitlich in die Höhe, aber es riß sich nicht mehr los; es wurde weitergezerrt.

Ein Mann, den wir nicht bemerkt hatten, trat hinter die Kinder, die unseren Wagen umstanden, schob sie beiseite und erklärte uns in gebrochenem Französisch: »Das Kamel hat die Tollwut. Es ist gefährlich. Man führt es ins Schlachthaus. Man muß sehr achtgeben.« Er machte ein ernstes Gesicht. Zwischen jedem seiner Sätze hörte man das Schreien des Tieres.

Wir bedankten uns bei ihm und fuhren traurig davon. Während der nächsten Tage sprachen wir oft vom tollwütigen Kamel, seine verzweifelten Bewegungen hatten uns einen tiefen Eindruck gemacht. Wir waren auf den Markt gegangen in der Erwartung, Hunderte von diesen sanften, kurvenreichen Tieren zu sehen. Aber auf dem riesigen

Platz hatten wir ein einziges gefunden, auf drei Beinen, ge-
fesselt, in seiner letzten Stunde, und während es um sein
Leben kämpfte, fuhren wir davon.

Einige Tage später kamen wir an einem anderen Teile der
Stadtmauer vorbei. Es war Abend, der rote Glanz auf der
Mauer war am Verlöschen. Ich behielt die Mauer, solange
ich konnte, im Auge und freute mich an dem allmählichen
Wechsel ihrer Farbe. Da sah ich, in ihrem Schatten, eine
große Karawane von Kamelen. Die meisten hatten sich auf
ihre Knie niedergelassen, andere standen noch; Männer
mit Turbans auf dem Haupte gingen geschäftig und doch
ruhig unter ihnen umher, es war ein Bild des Friedens und
der Dämmerung. Die Farbe der Kamele ging in der der
Mauer auf. Wir stiegen aus und mischten uns selbst unter
die Tiere. Je ein gutes Dutzend von ihnen kniete in einem
Ring um einen Berg von aufgeworfenem Futter. Sie streckten die Hälse vor, zogen das Futter in den Mund, warfen
den Kopf zurück und kauten ruhig. Wir betrachteten sie
eingehend und siehe, sie hatten Gesichter. Sie waren sich
ähnlich und doch so sehr verschieden. Sie erinnerten an
alte englische Damen, die würdevoll und scheinbar gelang-
weilt den Tee zusammen einnehmen, aber die Bosheit, mit
der sie alles um sich herum betrachten, nicht ganz verbergen können. »Das ist meine Tante, wirklich«, sagte mein
englischer Freund, den ich taktvoll auf die Ähnlichkeit mit
seinen Landsleuten aufmerksam machte, und wir fanden
bald manche andere Bekannte. Wir waren stolz, daß wir in
diese Karawane geraten waren, von der uns niemand gesprochen hatte, und zählten 107 Kamele.

Ein junger Bursche kam auf uns zu und bat uns um eine
Münze. Die Farbe seines Gesichtes war ein dunkles Blau,
wie die seines Gewandes; er war Treiber und seinem Aus-

sehen nach einer von den ›blauen Männern‹, die im Süden des Atlas wohnen. Die Farbe ihrer Kleider, so hatte man uns gesagt, teilt sich der Haut mit und so sind sie alle, Männer und Frauen, blau, die einzige blaue Rasse. Wir versuchten, von unserem jungen Treiber, der für die empfangene Münze dankbar war, einiges über die Karawane zu erfahren. Aber er beherrschte nur wenige Worte Französisch: Sie kämen von Gulimin und seien seit fünfundzwanzig Tagen unterwegs. Das war alles, was wir verstanden. Gulimin war weit im Süden unten, in der Wüste, und wir fragten uns, ob die Kamel-Karawane den Atlas überquert habe. Wir hätten auch gern gewußt, was ihr weiteres Ziel sei, denn hier unter den Mauern der Stadt konnte die Wanderung nicht gut zu Ende sein und die Tiere schienen sich für kommende Strapazen zu stärken.

Der dunkelblaue Bursche, der uns nicht mehr sagen konnte, gab sich Mühe, uns gefällig zu sein und führte uns zu einem schlanken, großgewachsenen alten Mann, der einen weißen Turban trug und mit Respekt behandelt wurde. Er sprach gut Französisch und entgegnete fließend auf unsere Fragen. Die Karawane kam von Gulimin und war wirklich seit fünfundzwanzig Tagen unterwegs.

»Und wohin geht es weiter?«

»Es geht nicht weiter«, sagte er. »Sie werden hier verkauft, zum Schlachten.«

»Zum Schlachten?«

Wir waren beide betroffen, selbst mein Freund, der in seiner Heimat ein leidenschaftlicher Jäger ist. Wir dachten an die weite Wanderung der Tiere; ihre Schönheit in der Dämmerung; ihre Ahnungslosigkeit; ihr friedliches Mahl; und vielleicht auch an die Menschen, an die sie uns erinnert hatten.

»Zum Schlachten, ja«, wiederholte der Alte, seine Stimme hatte etwas Schartiges, wie von einem abgenützten Messer.

»Wird denn hier viel Kamelfleisch gegessen?« fragte ich. Ich suchte meine Betroffenheit hinter sachlichen Fragen zu verbergen.

»Sehr viel!«

»Wie schmeckt es denn? Ich habe noch nie welches gegessen.«

»Sie haben noch nie Kamelfleisch gegessen?« Er brach in ein höhnisches, etwas dünnes Gelächter aus und wiederholte: »Sie haben noch nie Kamelfleisch gegessen?« Es war klar, er war der Meinung, daß man uns hier nichts als Kamelfleisch vorsetzte, und er gehabte sich sehr überlegen, so als zwinge er uns, es zu essen.

»Es ist sehr gut«, sagte er.

»Was kostet denn ein Kamel?«

»Das ist verschieden. Von 30000 bis 70000 Francs. Ich kann es Ihnen zeigen. Man muß es verstehen.« Er führte uns zu einem sehr schönen, hellen Tier und berührte es mit seinem Stöckchen, das ich erst jetzt bemerkte. »Das ist ein gutes Tier. Das ist 70000 Francs wert. Der Besitzer ist selber darauf geritten. Er könnte es noch viele Jahre verwenden. Aber er hat es lieber verkauft. Für das Geld kann er zwei junge Tiere kaufen, verstehen Sie?«

Wir verstanden. »Sind Sie mit der Karawane von Gulimin gekommen?« fragte ich.

Er lehnte diese Zumutung etwas verärgert ab. »Ich bin von Marrakesch«, sagte er stolz. »Ich kaufe Tiere und verkaufe sie an die Schlächter.« Er hatte nur Verachtung übrig für die Männer, die den ganzen weiten Weg gekommen waren, und von unserem jungen blauen Treiber sagte er: »Der weiß nichts.«

Er aber wollte wissen, woher wir seien und wir sagten, der Einfachheit halber, beide »von London«. Er lächelte und schien ein wenig gereizt. »Ich war im Krieg in Frankreich«, sagte er. Sein Alter machte es klar, daß er vom Ersten Weltkrieg sprach. »Ich war neben Engländern. – Ich kam nicht gut mit ihnen aus«, fügte er rasch und etwas leiser hinzu. »Aber heute ist der Krieg kein Krieg mehr. Es ist nicht mehr der Mann, der zählt, die Maschine ist alles.« Er sagte noch einiges über den Krieg, das sehr resigniert klang. »Das ist kein Krieg mehr.« Darüber einigten wir uns mit ihm und er schien es so zu verwinden, daß wir aus England kamen.

»Sind alle Tiere schon verkauft?« fragte ich noch.

»Nein. Alle können nicht verkauft werden. Die übrig bleiben, gehen weiter, nach Settat. Kennen Sie Settat? Das ist auf dem Wege nach Casablanca, 160 Kilometer von hier. Dort ist der letzte Kamelmarkt. Da werden die übrigen verkauft.«

Wir bedankten uns. Er entließ uns ohne jede Feierlichkeit. Wir gingen nicht mehr unter den Kamelen herum, die Lust dazu war uns vergangen. Es war beinahe dunkel, als wir die Karawane verließen.

Das Bild der Tiere ließ mich nicht los. Ich dachte mit Scheu an sie, aber doch, als wären sie mir seit langem vertraut. Die Erinnerung an ihre Henkersmahlzeit verband sich mit jenem Gespräch über Krieg. Der Gedanke, den Kamelmarkt am nächsten Donnerstag zu besuchen, blieb in uns lebendig. Wir beschlossen, früh am Morgen zu fahren, und vielleicht hofften wir, diesmal einen weniger düsteren Eindruck von ihrem Dasein zu gewinnen.

Wir kamen wieder vor dem Tor El-Khemis an. Die Zahl der Tiere, die wir vorfanden, war nicht allzu groß: Sie verloren sich in der Weite des Platzes, der schwer auszufüllen wäre. Auf einer Seite waren wieder die Esel. Wir gingen nicht zu ihnen hinüber, wir blieben bei den Kamelen. Es waren nie mehr als je drei oder vier von ihnen beisammen; manchmal stand ein Junges allein neben seiner Mutter. Sie schienen uns erst alle ruhig. Das einzig Laute waren kleine Gruppen von Männern, die heftig feilschten. Aber es kam uns so vor, als ob die Männer manchen unter den Tieren nicht trauten; sie gingen an diese nicht zu nahe heran oder nur, wenn es wirklich notwendig war.

Es dauerte nicht lang und wir wurden auf ein Kamel aufmerksam, das sich gegen etwas zu wehren schien, es knurrte und brummte und drehte den Kopf heftig nach allen Seiten. Ein Mann versuchte, es auf die Knie zu zwingen, und da es nicht gehorchte, half er mit Stockhieben nach. Unter den zwei oder drei anderen Leuten, die zu Häupten des Tieres standen und sich an ihm zu schaffen machten, fiel einer besonders auf: Es war ein starker, gedrungener Mensch mit dunklem, grausamem Gesicht. Er stand fest da, seine Beine waren wie in den Boden verwurzelt. Mit energischen Bewegungen der Arme zog er einen Strick durch die Nasenwand des Tieres, die er durchbohrt hatte. Nase und Strick färbten sich rot von Blut. Das Kamel zuckte und schrie, bald brüllte es laut; schließlich sprang es, nachdem es niedergekniet war, nochmals auf und versuchte sich loszureißen, während der Mann den Strick immer fester zog. Die Leute gaben sich alle erdenkliche Mühe, es zu bändigen, und sie waren noch damit beschäftigt, als jemand an uns herantrat und in gebrochenem Französisch sagte:

»Es riecht. Es riecht den Schlächter. Es ist zum Schlachten verkauft worden. Es kommt jetzt ins Schlachthaus.«

»Aber wie kann es das riechen?« fragte mein Freund ungläubig.

»Das ist der Schlächter, der dort vor ihm steht«, und er zeigte auf den festen, dunklen Mann, der uns aufgefallen war. »Der Schlächter kommt aus dem Schlachthaus und riecht nach Kamelblut. Das hat das Kamel nicht gern. Ein Kamel kann sehr gefährlich sein. Wenn es die Tollwut hat, kommt es bei Nacht und tötet die Leute im Schlaf.«

»Wie kann es die Leute töten?« fragte ich.

»Wenn die Leute schlafen, kommt das Kamel, kniet sich auf sie nieder und erstickt sie im Schlaf. Man muß sehr achtgeben. Bevor die Leute aufwachen, sind sie erstickt. Ja, das Kamel hat eine sehr gute Nase. Wenn es nachts neben seinem Herrn liegt, wittert es Diebe und weckt den Herrn. Das Fleisch ist gut. Man soll das Fleisch essen. Ça donne du courage. Das Kamel ist nicht gern allein. Allein geht es nirgends hin. Wenn ein Mann sein Kamel in die Stadt treiben will, muß er ein anderes finden, das mitgeht. Er muß sich eins ausleihen, sonst bringt er sein Kamel nicht in die Stadt. Es will nicht allein sein. Ich war im Krieg. Ich habe eine Verletzung, sehen Sie, hier«, er zeigte auf seine Brust.

Das Kamel hatte sich ein wenig beruhigt und ich wandte zum erstenmal den Blick auf den Sprecher selbst. Die Brust schien eingedrückt und der linke Arm war steif. Der Mann kam mir bekannt vor. Er war klein, mager und sehr ernst. Ich fragte mich, wo ich ihn schon gesehen hatte.

»Wie tötet man Kamele?«

»Man schneidet ihnen die Halsader durch. Sie müssen verbluten. Sonst darf man sie nicht essen. Ein Muselman darf sie nicht essen, wenn sie nicht verblutet sind. Ich kann nicht arbeiten, wegen dieser Verletzung. Darum mache ich hier ein wenig den Führer. Ich habe letzten Donnerstag mit Ihnen gesprochen, erinnern Sie sich an das tollwütige Kamel? Ich war in Safi, als die Amerikaner gelandet sind. Wir haben ein wenig gegen die Amerikaner gekämpft, aber nicht viel, dann bin ich in die amerikanische Armee aufgenommen worden. Da waren viele Marokkaner. Ich war in Korsika und in Italien mit den Amerikanern. Ich war überall. Der Deutsche ist ein guter Soldat. Am schlimmsten war das Casino. Da war es wirklich schlimm. Da hab ich meine Verletzung abbekommen. Kennen Sie das Casino?«

Ich begriff allmählich, daß er Monte Cassino meinte. Er gab mir eine Schilderung der erbitterten Kämpfe dort, und wurde, er, der sonst ruhig und gelassen war, so lebhaft dabei, als ginge es um die mörderischen Gelüste toller Kamele. Er war ein redlicher Mann, er glaubte, was er sagte. Aber er hatte eine Gruppe von Amerikanern mitten unter den Tieren erblickt und wandte sich sehr rasch diesen zu. Er verschwand so geschwind, wie er aufgetaucht war, und mir war es recht; denn ich hatte das Kamel, das nun nicht mehr brüllte, aus Auge und Ohr verloren und wollte es noch einmal sehen.

Ich fand es bald. Der Schlächter hatte es stehen gelassen. Es kniete wieder. Es zuckte noch manchmal mit dem Kopf. Das Blut aus den Nüstern hatte sich weiter ausgebreitet. Ich fühlte etwas wie Dankbarkeit für die wenigen trügerischen Augenblicke, in denen man es allein ließ. Aber ich konnte nicht lange hinsehen, weil ich sein Schicksal kannte und schlich mich davon.

Mein Freund hatte sich während der Erzählung des Führers abgewandt, er war irgendwelchen Engländern auf der Spur. Ich suchte ihn, bis ich ihn auf der anderen Seite des

Platzes fand, er war unter die Esel geraten. Vielleicht fühlte er sich hier weniger unbehaglich.

Während der übrigen Zeit unseres Aufenthaltes in der roten Stadt sprachen wir nie mehr von Kamelen.

Die Suks

Es ist würzig in den Suks, es ist kühl und farbig. Der Geruch, der immer angenehm ist, ändert sich allmählich, je nach der Natur der Waren. Es gibt keine Namen und Schilder, es gibt kein Glas. Alles, was zu verkaufen ist, ist ausgestellt. Man weiß nie, was die Gegenstände kosten werden, weder sind sie an ihren Preisen aufgespießt, noch sind die Preise fest.

Alle Gelasse und Läden, in denen dasselbe verkauft wird, sind dicht beieinander, zwanzig oder dreißig oder mehr von ihnen. Da gibt es einen Bazar für Gewürze und einen für Lederwaren. Die Seiler haben ihre Stelle und die Korbflechter die ihre. Von den Teppichhändlern haben manche große, geräumige Gewölbe; man schreitet an ihnen vorbei wie an einer eigenen Stadt und wird bedeutungsvoll hineingerufen. Die Juweliere sind um einen besonderen Hof angeordnet, in vielen von ihren schmalen Läden sieht man Männer bei der Arbeit. Man findet alles, aber man findet es immer vielfach.

Die Ledertasche, die man möchte, ist in zwanzig verschiedenen Läden ausgestellt und einer dieser Läden schließt unmittelbar an den anderen an. Da hockt ein Mann inmitten seiner Waren. Er hat sie alle ganz nah bei sich, es ist wenig Platz. Er braucht sich kaum zu strecken, um jede seiner Ledertaschen zu erreichen; und nur aus Höflichkeit, wenn er nicht sehr alt ist, erhebt er sich. Aber der Mann im Gelaß neben ihm, der ganz anders aussieht, sitzt inmitten derselben Waren. Das geht vielleicht hundert Meter so weiter, zu beiden Seiten der gedeckten Passage. Es wird sozusagen alles auf einmal angeboten, was dieser größte und berühmteste Bazar der Stadt, des ganzen südlichen Marokko an Lederwaren besitzt. In dieser Zurschaustellung liegt viel Stolz. Man zeigt, was man erzeugen kann, aber man zeigt auch, wieviel es davon gibt. Es wirkt so, als wüßten die Taschen selber, daß sie der Reichtum sind und als zeigten sie sich schön hergerichtet den Augen der Passanten. Man wäre gar nicht verwundert, wenn sie plötzlich in rhythmische Bewegung gerieten, alle Taschen zusammen, und in einem bunten orgiastischen Tanz alle Verlockung zeigten, deren sie fähig sind.

Das Gildengefühl dieser Gegenstände, die von allen andersartigen abgesondert beisammen sind, wird vom Passanten für jeden Gang durch die Suks nach seiner Laune wiedergeschaffen. ›Heute möchte ich unter die Gewürze gehen‹, sagt er sich und die wunderbare Mischung von Gerüchen steigt in seiner Nase auf und er sieht die großen Körbe mit dem roten Pfeffer vor sich. ›Heute hätte ich Lust auf die gefärbten Wollen‹ und schon hängen sie hoch von allen Seiten herunter, in Purpur, in Dunkelblau, in Sonnengelb und Schwarz. ›Heute will ich unter die Körbe gehen und sehen, wie sie sich flechten.‹

Es ist erstaunlich, wie viel Würde diese Gegenstände so bekommen, die der Mensch gemacht hat. Sie sind nicht immer schön, mehr und mehr Gesindel von zweifelhafter Herkunft schleicht sich ein, von Maschinen erzeugt, aus den Ländern des Nordens eingeführt. Aber die Art, in der sie sich präsentieren, ist immer noch die alte. Neben den Läden, wo nur verkauft wird, gibt es viele, vor denen man zusehen kann, wie die Gegenstände erzeugt werden. So ist man von Anfang an dabei, und das stimmt den Betrachter heiter. Denn zur Verödung unseres modernen Lebens gehört es, daß wir alles fix und fertig ins Haus und zum Gebrauch bekommen, wie aus häßlichen Zauberapparaten. Hier aber kann man den Seiler eifrig bei seiner Arbeit sehen, und neben ihm hängt der Vorrat fertiger Seile. In winzigen Gelassen drechseln Scharen von kleinen Jungen, sechs oder sieben von ihnen zugleich, an Holz herum, und junge Männer fügen aus den Teilen, die ihnen von den Knaben hergestellt werden, niedrige Tischchen zusammen. Die Wolle, deren leuchtende Farben man bewundert, wird vor einem selbst gefärbt, und allerorts sitzen Knaben herum, die Mützen in hübschen und bunten Mustern stricken.

Es ist eine offene Tätigkeit, und was geschieht, *zeigt* sich, wie der fertige Gegenstand. In einer Gesellschaft, die so viel Verborgenes hat, die das Innere ihrer Häuser, Gestalt und Gesicht ihrer Frauen und selbst ihre Gotteshäuser vor Fremden eifersüchtig verbirgt, ist diese gesteigerte Offenheit dessen, was erzeugt und verkauft wird, doppelt anziehend.

Eigentlich wollte ich den Handel kennenlernen, aber über den Gegenständen, die verhandelt wurden, verlor ich ihn, wenn ich die Suks betrat, immer erst aus den Augen. Naiv besehen erscheint es unverständlich, warum man sich einem bestimmten Kaufmann in Maroquinleder zuwendet, wenn es daneben zwanzig andere gibt, deren Waren sich kaum von den seinen unterscheiden. Man kann von einem zum anderen gehen und wieder zum ersten zurück. Der Laden, in dem man kaufen wird, ist nie von vornherein sicher. Selbst wenn man sich diesen oder jenen unter ihnen vorgenommen hätte, man hat jede Gelegenheit, sich eines anderen zu besinnen.

Der Passant, der außen vorübergeht, ist durch nichts, weder Türen noch Scheiben von den Waren getrennt. Der Händler, der mitten unter ihnen sitzt, trägt keinen Namen zur Schau und es ist ihm, wie ich schon sagte, ein Leichtes, überall hinzulangen. Dem Passanten wird jeder Gegenstand bereitwillig gereicht. Er kann ihn lang in der Hand halten, er kann lang darüber sprechen, er kann Fragen stellen, Zweifel äußern, und wenn er Lust hat, seine Geschichte, die Geschichte seines Stammes, die Geschichte der ganzen Welt vorbringen, ohne etwas zu kaufen. Der Mann unter seinen Waren ist vor allem eines: Er ist ruhig. Er sitzt immer da. Er sieht immer nah aus. Er hat wenig Platz und Gelegenheit zu ausführlichen Bewegungen. Er gehört seinen Waren so sehr wie sie ihm. Sie sind nicht weggepackt, er hat immer seine Hände oder seine Augen auf ihnen. Eine Intimität, die verführerisch ist, besteht zwischen ihm und seinen Gegenständen. Als wären sie seine sehr zahlreiche Familie, so bewacht er sie und hält sie in Ordnung.

Es stört und beengt ihn nicht, daß er ihren Wert genau kennt. Denn er hält ihn geheim und man wird ihn nie erfahren. Das gibt der Prozedur des Handelns etwas Feurig-Mysteriöses. Nur er kann wissen, wie nah man seinem Geheimnis kommt und er versteht sich darauf, mit Elan alle Stöße zu parieren, so daß die schützende Distanz zum Wert nie gefährdet wird. Für den Käufer gilt es als ehrenvoll, sich nicht betrügen zu lassen, aber ein leichtes Unternehmen ist das nicht, da er immer im dunkeln tappt. In Ländern der Preismoral, dort wo die festen Preise herrschen, ist es überhaupt keine Kunst, etwas einzukaufen. Jeder Dummkopf geht und findet, was er braucht, jeder Dummkopf, der Zahlen lesen kann, bringt es fertig, nicht angeschwindelt zu werden.

In den Suks hingegen ist der Preis, der zuerst genannt wird, ein unbegreifliches Rätsel. Niemand weiß ihn vorher, auch der Kaufmann nicht, denn es gibt auf alle Fälle viele Preise. Jeder von ihnen bezieht sich auf eine andere Situation, einen anderen Käufer, eine andere Tageszeit, einen anderen Tag der Woche. Es gibt Preise für einzelne Gegenstände und solche für zwei oder mehrere zusammen. Es gibt Preise für Fremde, die nur einen Tag in der Stadt sind, und solche für Fremde, die hier schon drei Wochen leben. Es gibt Preise für Arme und Preise für Reiche, wobei die für die Armen natürlich die höchsten sind. Man möchte meinen, daß es mehr verschiedene Arten von Preisen gibt als verschiedene Menschen auf der Welt.

Aber das ist erst der Anfang einer komplizierten Affäre, über deren Ausgang nichts bekannt ist. Es wird behauptet, daß man ungefähr auf ein Drittel des ursprünglichen Preises herunterkommen soll, doch das ist nichts als eine rohe Schätzung und eine jener schalen Allgemeinheiten, mit denen Leute abgefertigt werden, die nicht willens oder außerstande sind, auf die Feinheiten dieser uralten Prozedur einzugehen.

Es ist erwünscht, daß das Hin und Her der Unterhandlungen eine kleine, gehaltreiche Ewigkeit dauert. Den Händler freut die Zeit, die man sich zum Kaufe nimmt. Argumente, die auf Nachgiebigkeit des anderen zielen, seien weit hergeholt, verwickelt, nachdrücklich und erregend. Man kann würdevoll oder beredt sein, am besten ist man beides. Durch Würde zeigt man auf beiden Seiten, daß einem nicht zu sehr an Kauf oder Verkauf gelegen ist. Durch Beredsamkeit erweicht man die Entschlossenheit des Gegners. Es gibt Argumente, die bloß Hohn erwekken, aber andere treffen ins Herz. Man muß alles ausprobieren, bevor man nachgibt. Aber selbst wenn der Augenblick gekommen ist nachzugeben, muß es unerwartet und plötzlich geschehen, damit der Gegner in Unordnung gerät und einem Gelegenheit bietet, in ihn hineinzusehen. Manche entwaffnen einen durch Hochmut, andere durch Charme. Jeder Zauber ist erlaubt, ein Nachlassen der Aufmerksamkeit ist unvorstellbar.

In Läden, die so groß sind, daß man eintreten und umhergehen kann, pflegt der Verkäufer sich gern mit einem zweiten zu beraten, bevor er nachgibt. Der zweite, der unbeteiligt im Hintergrund steht, eine Art geistliches Oberhaupt über Preise, tritt zwar in Erscheinung, aber er feilscht selbst nicht. Man wendet sich an ihn nur, um letzte Entscheidungen einzuholen. Er kann, sozusagen gegen den Willen des Verkäufers, phantastische Schwankungen im Preis genehmigen. Aber da *er* es tut, der selbst nicht mitgefeilscht hat, hat sich niemand etwas vergeben.

Die Rufe der Blinden

Ich versuche, etwas zu berichten, und sobald ich verstumme, merke ich, daß ich noch gar nichts gesagt habe. Eine wunderbar leuchtende, schwerflüssige Substanz bleibt in mir zurück und spottet der Worte. Ist es die Sprache, die ich dort nicht verstand, und die sich nun allmählich in mir übersetzen muß? Da waren Ereignisse, Bilder, Laute, deren Sinn erst in einem *entsteht*; die durch Worte weder aufgenommen noch beschnitten wurden; die jenseits von Worten, tiefer und mehrdeutiger sind als diese.

Ich träume von einem Mann, der die Sprachen der Erde verlernt, bis er in keinem Lande mehr versteht, was gesagt wird.

Was ist in der Sprache? Was verdeckt sie? Was nimmt sie einem weg? Ich habe während der Wochen, die ich in Marokko verbrachte, weder Arabisch noch eine der Berbersprachen zu erlernen versucht. Ich wollte nichts von der Kraft der fremdartigen Rufe verlieren. Ich wollte von den Lauten so betroffen werden, wie es an ihnen selber liegt, und nichts durch unzulängliches und künstliches Wissen abschwächen. Ich hatte nichts über das Land gelesen. Seine Sitten waren mir so fremd wie seine Menschen. Das Wenige, das einem im Lauf eines Lebens über jedes Land und jedes Volk zugeflogen kommt, fiel ab in den ersten Stunden.

Aber es blieb das Wort ›Allah‹, um dieses kam ich nicht herum. Damit war ich für den Teil meiner Erfahrung ausgestattet, der am häufigsten und eindringlichsten, am nachhaltigsten war, für die Blinden. Auf Reisen nimmt man alles hin, die Empörung bleibt zu Haus. Man schaut, man hört, man ist über das Furchtbarste begeistert, weil es neu ist. Gute Reisende sind herzlos.

Als ich voriges Jahr, nach fünfzehnjähriger Abwesenheit, mich Wien näherte, fuhr ich durch *Blindenmarkt*, einen Ort, von dessen Existenz ich früher nie etwas geahnt hatte. Der Name traf mich wie eine Peitsche, er hat mich seither nicht verlassen. Dieses Jahr, als ich nach Marrakesch kam, fand ich mich plötzlich unter den Blinden. Es waren Hunderte, Unzählige, die meisten Bettler, eine Gruppe von ihnen, manchmal acht, manchmal zehn, stand dicht beisammen in einer Reihe am Markt und ihr rauher, ewig wiederholter Spruch war weithin hörbar. Ich stellte mich vor sie hin, reglos wie sie, und war nie ganz sicher, ob sie meine Gegenwart fühlten. Jeder von ihnen hielt eine hölzerne Almosenschale vor sich hin, und wenn man in eine von diesen etwas warf, ging die gespendete Münze von Hand zu Hand, jeder fühlte, jeder prüfte sie, bis einer, dessen Amt es war, sie schließlich in die Tasche steckte. Man *fühlte* zusammen, wie man zusammen murmelte und rief.

Alle Blinden bieten einem den Namen Gottes an, und man kann sich durch Almosen ein Anrecht auf ihn erwerben. Sie beginnen mit Gott, sie enden mit Gott, sie wiederholen seinen Namen zehntausendmal am Tage. Alle ihre Rufe enthalten seinen Namen in abgewandelter Form, aber der Ruf, auf den sie sich einmal festgelegt haben, bleibt immer derselbe. Es sind akustische Arabesken um Gott, aber wieviel eindrucksvoller als optische. Manche vertrauen auf seinen Namen allein und rufen nichts als diesen. Es ist ein schrecklicher Trotz darin, Gott kam mir wie eine Mauer vor, die sie an immer derselben Stelle berennen. Ich glaube, die Bettler halten sich mehr durch ihre Formeln als durch das Erbettelte am Leben.

Die Wiederholung desselben Rufes charakterisiert den Rufer. Man prägt ihn sich ein, man kennt ihn, er ist nun für immer da; er ist es in einer scharf umgrenzten Eigenschaft, eben seinem Ruf. Man wird nicht mehr von ihm erfahren, er schützt sich, der Ruf ist auch seine Grenze. An diesem Ort ist er genau das, was er ruft, nicht mehr, nicht weniger, ein Bettler, blind. Aber der Ruf ist auch eine Vervielfältigung, die rasche und regelmäßige Wiederholung macht aus ihm eine Gruppe. Es ist eine besondere Energie des Forderns darin, er fordert für viele und heimst für alle ein. ›Denk an alle Bettler, denk an alle Bettler! Gott segnet dich für alle Bettler, denen du gibst.‹

Es heißt, daß die Armen fünfhundert Jahre vor den Reichen ins Paradies eingehen werden. Durch Almosen kauft man den Armen etwas vom Paradies ab. Wenn jemand gestorben ist, ›folgt man zu Fuß, mit oder ohne trillernde Klageweiber, sehr schnell zum Grabe, damit der Tote bald zur Glückseligkeit gelange. *Blinde singen das Glaubensbekenntnis.*‹

Ich habe mich, seit ich aus Marokko zurück bin, mit geschlossenen Augen und untergeschlagenen Beinen in die Ecke meines Zimmers gesetzt und versucht, eine halbe Stunde lang in der richtigen Geschwindigkeit und mit der richtigen Kraft ›Alláh! Alláh! Alláh!‹ zu sagen. Ich versuchte mir vorzustellen, daß ich das einen ganzen Tag und einen guten Teil der Nacht so weiter sage; daß ich nach kurzem Schlaf wieder damit beginne; daß ich es Tage und Wochen, Monate und Jahre fortsetze; daß ich alt und älter werde und so lebe, und zäh an diesem Leben festhalte; daß ich wütend werde, wenn mich etwas in diesem Leben stört; daß ich nichts anderes will, daß ich ganz darin verharre.

Ich habe begriffen, welche Verführung in diesem Leben liegt, das alles auf die einfachste Art von Wiederholung reduziert. Wie viel oder wie wenig Abwechslung war denn in der Tätigkeit der Handwerker, die ich in ihren kleinen Gelassen arbeiten sah? Im Feilschen der Händler? In den Schritten der Tänzer? In den unzähligen Tassen Pfefferminztees, die alle Gäste hier zu sich nehmen? Wieviel Abwechslung ist im Geld? Wieviel im Hunger?

Ich habe begriffen, was diese blinden Bettler wirklich sind: die Heiligen der Wiederholung. Aus ihrem Leben ist das meiste ausgemerzt, was sich für uns der Wiederholung noch entzieht. Es gibt die Stelle, an der sie hocken oder stehen. Es gibt den unveränderlichen Ruf. Es gibt die begrenzte Zahl von Münzen, auf die sie hoffen können, drei oder vier verschiedene Einheiten. Es gibt zwar auch die Geber, die verschieden sind, aber Blinde sehen diese nicht und in ihrem Dankspruch sorgen sie dafür, daß auch die Geber Gleiche werden.

Der Speichel des Marabu

Ich wandte mich von der Gruppe der acht Blinden ab, ihre Litanei im Ohr, und ging nur wenige Schritte, als mir ein weißhaariger alter Mann auffiel, der ganz allein dastand, die Beine etwas gespreizt: Er hielt den Kopf leicht geneigt und kaute. Auch er war blind und nach den Lumpen zu schließen, in die er gekleidet war, war er ein Bettler. Aber seine Wangen waren voll und gerötet, seine Lippen gesund und feucht. Er kaute langsam mit geschlossenen Lippen und der Ausdruck auf seinem Gesicht war heiter. Er kaute gründlich, als handelte er nach einer Vorschrift. Es bereitete ihm offensichtlich großen Genuß, und als ich ihn so betrachtete, fiel mir sein Speichel ein und daß er davon sehr viel haben müsse. Er stand vor einer Reihe von Buden, in denen Berge von Orangen zum Verkauf aufgehäuft waren; ich sagte mir, daß einer der Händler ihm eine Orange gegeben haben müsse und daß er an dieser kaue. Seine rechte Hand stand ein wenig vom Körper ab. Die Finger an ihr waren alle weit auseinandergespreizt. Es sah aus, als seien sie gelähmt und als könne er sie nicht einziehen.

Es war ziemlich viel freier Raum um den alten Mann, was ich an dieser belebten Stelle erstaunlich fand. Er wirkte, als wäre er immer allein und als wünschte er sich nichts Besseres. Ich sah ihm entschlossen beim Kauen zu und wollte abwarten, was geschähe, wenn er damit fertig wäre. Es dauerte sehr lange, noch nie hatte ich einen Menschen so herzlich und ausführlich kauen sehen. Ich spürte, wie mein eigener Mund in leise Bewegung geriet, obwohl er nichts enthielt, was er hätte kauen können. Ich empfand etwas wie Ehrfurcht vor seinem Genuß, der mir auffallender schien als alles, was ich je an einem menschlichen Munde gesehen hatte. Seine Blindheit erfüllte mich nicht mit Mitleid. Er schien gesammelt und zufrieden. Nicht *einmal* unterbrach er sich, um zu fordern, wie es die anderen alle zu tun pflegten. Vielleicht hatte er, was er brauchte. Vielleicht brauchte er sonst nichts.

Als er zu Ende war, leckte er sich die Lippen ein paarmal ab, streckte die Rechte mit den ausgespreizten Fingern ein wenig mehr nach vorn und sagte mit heiserer Stimme seinen Spruch her. Ich ging etwas scheu auf ihn zu und legte ihm ein Zwanzigfrancstück auf die Hand. Die Finger blieben gestreckt; er konnte sie wirklich nicht schließen. Er hob langsam die Hand und führte sie an den Mund. Er drückte die Münze gegen die wulstigen Lippen und ließ sie in den Mund verschwinden. Kaum war sie drin, begann er wieder zu kauen. Er schob die Münze im Mund hin und her, mir kam vor, als könne ich ihren Bewegungen folgen, bald war sie links, bald war sie rechts und er kaute wieder so ausführlich wie zuvor.

Ich staunte und zweifelte. Ich fragte mich, ob ich mich nicht irre. Vielleicht war die Münze inzwischen irgendwo andershin verschwunden und ich hatte es nicht bemerkt. Ich wartete wieder ab. Nachdem er mit demselben Genuß gekaut hatte und zu Ende war, erschien die Münze zwischen seinen Lippen. Er spuckte sie in die linke Hand, die er gehoben hatte. Sehr viel Speichel floß mit. Dann ließ er die Münze in eine Tasche verschwinden, die er auf der linken Seite trug.

Ich versuchte, meinen Ekel vor diesem Vorgang in seiner Fremdartigkeit aufzulösen. Was gibt es, das schmutziger wäre als Geld. Aber dieser alte Mann war nicht ich, was mir Ekel bereitete, war ihm ein Genuß, und hatte ich nicht manchmal Menschen gesehen, die Münzen küßten? Der viele Speichel hatte hier sicher einen besonderen Zweck und es war klar, daß er sich von anderen Bettlern durch eine reichliche Erzeugung von Speichel auszeichnete. Er hatte es lange geübt, bevor er um ein Almosen bat; was immer er zuvor gegessen hatte, – kein andrer hätte so lange dazu gebraucht. In den Bewegungen seines Mundes war irgendein Sinn.

Oder hatte er nur *meine* Münze in den Mund genommen? Hatte er auf der Handfläche gespürt, daß sie höher war, als was er gewöhnlich bekam, und wollte er sich dafür besonders bedanken? Ich wartete ab, was weiter geschah und es fiel mir nicht schwer zu warten. Ich war verwirrt und fasziniert und hätte außer dem alten Mann ganz gewiß nichts anderes sehen können. Er wiederholte einige Male seinen Spruch. Ein Araber kam vorbei und legte ihm ein Fünffrancstück auf die Hand. Er führte es, ohne zu zögern, an den Mund, steckte es hinein und begann genau wie zuvor zu kauen. Vielleicht kaute er diesmal nicht ganz so lang. Er spuckte die Münze wieder mit viel Speichel aus und ließ sie in der Tasche verschwinden. Er bekam andere Münzen, ganz kleine darunter, derselbe Vorgang wiederholte sich einige Male. Ich wurde immer ratloser; je länger ich zusah, um so weniger begriff ich, warum er das tat. Aber an einem war nicht mehr zu zweifeln, er tat es immer, es war seine Sitte, seine besondere Art zu betteln und die Menschen, die ihm etwas gaben, erwarteten von ihm die Anteilnahme seines Mundes, der mir jedesmal, wenn er ihn öffnete, röter erschien.

Ich bemerkte nicht, daß man auch mir zusah, und ich muß

einen lächerlichen Anblick geboten haben. Vielleicht, wer weiß, staunte ich gar mit offenem Mund. Denn plötzlich kam ein Mann hinter seinen Orangen hervor, machte ein paar Schritte auf mich zu und sagte beschwichtigend: »Das ist ein Marabu.« Ich wußte, daß Marabus heilige Männer sind und daß man ihnen besondere Kräfte zuschreibt. Das Wort löste Scheu in mir aus und ich fühlte, wie mein Ekel gleich geringer wurde. Ich fragte schüchtern: »Aber warum steckt er die Münze in seinen Mund?« »Das macht er immer«, sagte der Mann, als wäre es die gewöhnlichste Sache von der Welt. Er wandte sich von mir ab und stellte sich wieder hinter seine Orangen. Ich bemerkte erst jetzt, daß hinter jeder Bude zwei oder drei Augenpaare auf mich gerichtet waren. Das erstaunliche Geschöpf war ich, der ich so lange nicht begriff.

Ich fühlte mich mit dieser Auskunft verabschiedet und blieb nicht mehr lange. Der Marabu, sagte ich mir, ist ein heiliger Mann, und an diesem heiligen Mann ist alles heilig, selbst sein Speichel. Indem er die Münzen der Geber mit seinem Speichel in Berührung bringt, erteilt er ihnen einen besonderen Segen und erhöht so das Verdienst, das sie sich durch das Spenden von Almosen im Himmel erwerben. Er war des Paradieses sicher, und er hatte selbst etwas zu vergeben, das den Menschen viel notwendiger war als ihre Münzen ihm. Ich begriff nun die Heiterkeit, die auf seinem blinden Antlitz lag und die ihn von den anderen Bettlern unterschied, die ich bisher gesehen hatte.

Ich ging und behielt ihn so sehr im Sinn, daß ich zu allen meinen Freunden von ihm sprach. Niemand hatte ihn je bemerkt und ich spürte, daß man an der Wahrheit meiner Worte zweifelte. Am nächsten Tag suchte ich dieselbe Stelle auf, aber er war nicht da. Ich suchte überall, er war nicht zu finden. Ich suchte jeden Tag, er kam nicht wieder. Vielleicht lebte er irgendwo allein in den Bergen und kam nur selten in die Stadt. Ich hätte die Orangenverkäufer nach ihm fragen können, aber ich schämte mich vor ihnen. Er bedeutete ihnen nicht dasselbe wie mir, und während ich gar keine Scheu empfand, zu Freunden von ihm zu sprechen, die ihn nie gesehen hatten, suchte ich ihn von denen, die ihn wohl kannten, denen er vertraut und natürlich war, getrennt zu halten. Er wußte nichts von mir und sie hätten vielleicht über mich zu ihm gesprochen.

Ich sah ihn einmal wieder, genau eine Woche später, wieder an einem Samstagabend. Er stand vor derselben Bude, aber er hatte nichts im Munde und kaute nicht. Er sagte seinen Spruch. Ich gab ihm eine Münze und wartete ab, was damit geschah. Bald kaute er sie wieder fleißig, doch noch während er damit beschäftigt war, kam ein Mann auf mich zu und sagte seinen Unsinn: »Das ist ein Marabu. Er ist blind. Er steckt die Münze in den Mund, um zu spüren, wieviel Sie ihm gegeben haben.« Dann sprach er zum Marabu auf arabisch und zeigte auf mich. Der Alte hatte sein Kauen beendet und die Münze wieder ausgespuckt. Er wandte sich mir zu und sein Antlitz strahlte. Er sagte einen Segensspruch für mich her, den er sechsmal wiederholte. Die Freundlichkeit und Wärme, die während seiner Worte auf mich überging, war so, wie ich sie noch nie von einem Menschen empfangen habe.

Stille im Haus und Leere der Dächer

Um in einer fremdartigen Stadt vertraut zu werden, braucht man einen abgeschlossenen Raum, auf den man ein gewisses Anrecht hat und in dem man allein sein kann, wenn die Verwirrung der neuen und unverständlichen Stimmen zu groß wird. Dieser Raum soll still sein, niemand soll einen sehen, wenn man sich in ihn rettet, niemand, wenn man ihn wieder verläßt. Am schönsten ist es, in eine Sackgasse zu verschwinden, vor einem Tore stehenzubleiben, zu dem man den Schlüssel in der Tasche hat, und aufzusperren, ohne daß es eine Sterbensseele hört.

Man tritt in die Kühle des Hauses und macht das Tor hinter sich zu. Es ist dunkel und für einen Augenblick sieht man nichts. Man ist wie einer der Blinden auf den Plätzen und Gassen, die man verlassen hat. Aber man gewinnt das Augenlicht sehr bald wieder. Man sieht die steinernen Stufen, die in die Etage führen, und oben findet man eine Katze vor. Sie verkörpert die Lautlosigkeit, nach der man sich gesehnt hat. Man ist ihr dankbar dafür, daß sie lebt, so läßt es sich auch leise leben. Sie wird gefüttert, ohne daß sie tausendmal am Tage ›Allah‹ ruft. Sie ist nicht verstümmelt und sie hat es auch nicht nötig, sich in ein schreckliches Schicksal zu ergeben. Sie mag grausam sein, aber sie sagt es nicht.

Man geht auf und ab und atmet die Stille ein. Wo ist das ungeheuerliche Treiben geblieben? Das grelle Licht und die grellen Laute? Die hundert und aberhundert Gesichter? In diesen Häusern gehen wenig Fenster auf die Gasse, manchmal keines; alles öffnet sich auf den Hof, und dieser öffnet sich auf den Himmel. Nur durch den Hof ist man in einer milden und gemäßigten Verbindung mit seiner Umwelt.

Man kann aber auch auf das Dach steigen und alle flachen Dächer der Stadt auf einmal sehen. Es ist ein ebener Eindruck und alles wie in großzügigen Stufen gebaut. Man meint, man könnte oben über die ganze Stadt spazieren. Die Gassen erscheinen nicht als Hindernis, man sieht sie nicht, man vergißt, daß es Gassen gibt. Die Berge des Atlas glänzen nahe und man würde sie für die Kette der Alpen halten, wäre das Licht auf ihnen nicht gleißender und wären nicht so viele Palmen zwischen ihnen und der Stadt.

Die Minaretts, die sich da und dort erheben, sind nicht wie Kirchtürme. Sie sind wohl schlank, aber nicht zugespitzt, ihre Breite ist oben dieselbe wie unten, und es kommt auf die Plattform in der Höhe an, von der zum Gebete gerufen wird. Sie sind eher wie Leuchttürme, aber von einer Stimme bewohnt.

Über den Dächern der Häuser praktiziert eine Bevölkerung von Schwalben. Es ist wie eine zweite Stadt; nur geht es in ihr so rasch zu wie auf den Gassen der Menschen langsam. Nie ruhen sich diese Schwalben aus, man fragt sich, ob sie je schlafen, es fehlt ihnen an Faulheit, Gemessenheit und Würde. Sie rauben im Fliegen, die Dächer, die leer sind, mögen ihnen wie ein erobertes Land erscheinen.

Denn man zeigt sich nicht auf den Dächern. Hier, dachte ich, werde ich Frauen sehen wie in Märchen, von hier werde ich in die Höfe der Nachbarhäuser schauen und ihr Treiben belauschen. Als ich das erste Mal auf das Dach stieg, das zum Haus meines Freundes gehörte, war ich voller Erwartung, und solange ich in die Ferne blickte, auf die Berge, über die Stadt, war er es zufrieden und ich fühlte seinen Stolz, daß er mir etwas so Schönes zeigen konnte. Aber er wurde unruhig, als ich an der Ferne ermüdete und meine Neugierde für das Nahe sich regte. Er ertappte mich bei einem Blick in den Hof des Nachbarhauses, von wo ich zu meiner Freude weibliche und spanische Laute vernahm.

»Das tut man hier nicht«, sagte er. »Das soll man nicht. Ich bin oft davor gewarnt worden. Es gilt als unfein, sich um die Vorgänge im Nebenhaus zu kümmern. Es gilt als unanständig. Man soll sich eigentlich überhaupt nicht auf dem Dache zeigen, schon gar nicht als Mann. Denn manchmal gehen die Frauen auf die Dächer und sie wollen sich ungestört fühlen.«

»Aber es sind doch gar keine Frauen da.«

»Vielleicht hat man uns gesehen«, meinte er. »Man kommt in Verruf. Man spricht auch keine verschleierte Frau auf der Straße an.«

»Und wenn ich nach dem Weg fragen möchte?«

»Dann mußt du warten, bis dir ein Mann entgegenkommt.«

»Aber du könntest dich doch auf dein eigenes Dach setzen. Wenn du jemand auf dem Nachbardach bemerkst, ist es nicht deine Schuld.«

»Dann muß ich wegschauen. Ich muß merken lassen, wie uninteressiert ich bin. Hinter uns ist eben eine erschienen. Es ist eine alte Magd. Sie hat keine Ahnung, daß ich sie bemerkt habe. Aber sie ist schon verschwunden.«

Ich hatte nicht einmal Zeit, mich umzuwenden. »Man ist also unfreier auf dem Dach als auf der Straße.«

»Gewiß«, sagte er. »Man will bei der Nachbarschaft nicht in Verruf geraten.« Ich sah den Schwalben zu und beneidete sie, wie sie unbekümmert über drei, fünf, zehn Dächer zugleich hinwegschossen.

Die Frau am Gitter

Ich passierte einen kleinen, öffentlichen Brunnen, aus dem
ein halbwüchsiger Junge trank. Ich bog nach links und
hörte eine leise, weiche, zärtliche Stimme von der Höhe.
Ich blickte an einem Hause gegenüber von mir auf und sah
in der Höhe des ersten Stocks hinter einem geflochtenen
Gitter das Gesicht einer jungen Frau. Sie war unverschleiert und dunkel und hielt ihr Gesicht ganz nah ans Gitter.
Sie sprach viele Sätze, in leichtem Fluß, und alle diese Sätze
bestanden aus Koseworten. Es war mir unbegreiflich, daß
sie keinen Schleier trug. Sie hielt den Kopf leicht geneigt
und ich fühlte, daß sie zu mir sprach. Ihre Stimme hob sich
nie, sie blieb gleichmäßig leise; es war so viel Zärtlichkeit
darin, als hielte sie meinen Kopf in den Armen. Aber ich
sah keine Hände, sie zeigte nicht mehr als das Gesicht,
vielleicht waren die Hände irgendwo angebunden. Der
Raum, in dem sie stand, war dunkel, auf der Straße, wo ich
stand, schien grell die Sonne. Ihre Worte kamen wie aus
einem Brunnen und flossen ineinander über, ich hatte nie
Koseworte in dieser Sprache gehört, aber ich fühlte, daß
sie es waren.

Ich wollte näher treten, um das Tor des Hauses zu sehen,
aus dem die Stimme kam, aber ich hatte Scheu davor, daß
eine Bewegung von mir die Stimme wie einen Vogel ver-
scheuchen könnte. Was tat ich dann, wenn sie verstummte.
Ich versuchte, so zart und so leise zu sein wie die Stimme
selbst und ging Schritte, wie ich sie noch nie gegangen war.
Es gelang mir, sie nicht zu erschrecken. Ich hörte die Stimme noch, als ich ganz nah am Hause stand und den Kopf

am Gitter nicht mehr sehen konnte. Das schmale Gebäude wirkte wie ein verfallener Turm. Man sah in eine Lücke an der Mauer, wo Steine herausgefallen waren. Das Tor ohne jeden Schmuck, aus ärmlichen Brettern gezimmert, war mit Draht festgemacht und sah aus, als würde es nicht oft geöffnet. Es war kein einladendes Haus, man konnte nicht hinein, und drinnen war es dunkel und sicher ganz verfallen. Gleich um die Ecke öffnete sich eine Sackgasse, aber da war es leblos und still und ich sah keinen Menschen, den ich etwas hätte fragen können. Auch in dieser Gasse verlor ich den Brunnen der kosenden Stimme nicht, um die Ecke klang es wie ein ganz fernes Plätschern. Ich ging zurück, stellte mich wieder in einiger Entfernung vom Hause hin und blickte auf, und da war das ovale Gesicht ganz nah am Gitter und die Lippen bewegten sich zu den zärtlichen Worten.

Es schien mir, daß sie nun ein wenig anders klangen, ein ungewisses Bitten war darin vernehmlich, als würde sie sagen: geh nicht weg. Vielleicht dachte sie, daß ich für immer gegangen war, als ich verschwand, um Haus und Tor zu prüfen. Nun war ich wieder da und sollte bleiben. Wie soll ich die Wirkung schildern, die ein unverschleiertes weibliches Gesicht, von der Höhe eines Fensters herabblickend, in dieser Stadt, in diesen Gassen auf einen hat. Wenig Fenster gehen auf die Gassen und nie sieht jemand zu ihnen heraus. Die Häuser sind wie Mauern, man hat oft lange das Gefühl, zwischen Mauern zu gehen, obschon man weiß, daß es Häuser sind: Man sieht die Türen und spärliche, unbenützte Fenster. Mit den Frauen ist es ähnlich, als unförmige Säcke bewegen sie sich auf den Gassen weiter, man erkennt, man ahnt nichts, man ist es bald überdrüssig, sich Mühe zu geben und sich zu einer Vorstellung von ihnen anzuhalten. Man verzichtet auf Frauen. Aber man verzichtet nicht gern, und eine, die dann an einem Fenster erscheint und gar zu einem spricht und den Kopf leicht neigt und nicht mehr weggeht, als hätte sie hier schon immer auf einen gewartet, und die dann weiterspricht, wenn man ihr den Rücken wendet und sacht weggeht, die sprechen wird, ob man da ist oder nicht, und immer zu einem, immer zu jedem sprechen wird, – eine solche Frau ist ein Wunder, eine Erscheinung, und man ist geneigt, sie für wichtiger zu halten, als alles, was es sonst in dieser Stadt zu sehen gäbe.

Ich wäre viel länger hier gestanden, aber es war kein ganz unbelebtes Viertel. Verschleierte Frauen kamen mir entgegen und sie hielten sich über ihre Genossin am Gitter oben gar nicht auf. Sie gingen am turmartigen Hause vorbei, als ob niemand spräche. Sie blieben nicht stehen, sie blickten nicht hinauf. In unveränderlichem Schritt näherten sie sich dem Haus und bogen, genau unterm Fenster der Sprechenden, in die Gasse ein, wo ich stand. Wohl aber spürte ich, daß sie mir mißbilligende Blicke gaben. Was tat ich hier? Warum stand ich da? Warum starrte ich hinauf?

Eine Gruppe von Schuljungen kam vorüber. Sie spielten und scherzten auf ihrem Wege und benahmen sich so, als hörten sie die Laute von oben nicht. Sie betrachteten mich: Ich war ihnen weniger vertraut als die unverschleierte Frau. Ich schämte mich etwas, weil ich dastand und starrte. Aber ich spürte, daß ich das Gesicht am Gitter durch mein Fortgehen enttäuschen würde; jene Worte flossen weiter wie ein Bach aus Vogellauten. Dazwischen aber tönten nun die schrillen Rufe der Kinder, die sich nur langsam entfernten. Sie hatten ihre Ränzel bei sich und kamen aus der Schule; sie suchten den Weg nach Hause zu verlängern und erfanden kleine Spiele, zu deren Regeln es gehörte, daß sie auf der Gasse bald nach vorn und bald nach rückwärts sprangen. So kamen sie nur im Schneckentempo vorwärts und machten mir das Lauschen zur Qual.

Eine Frau mit einem ganz kleinen Kind an der Seite blieb neben mir stehen. Sie mußte sich mir von hinten genähert haben, ich hatte sie nicht bemerkt. Sie blieb kurz; sie gab mir einen bösen Blick; hinterm Schleier erkannte ich die Züge einer alten Frau. Sie packte das Kind, als ob meine Gegenwart es gefährde und schlapfte, ohne mir ein Wort zu gönnen, weiter. Ich fühlte mich unbehaglich, verließ meinen Standort und folgte ihr langsam. Sie ging ein paar Häuser die Gasse hinunter und bog dann zur Seite ein. Als ich die Ecke erreichte, um die sie verschwunden war, sah ich am Ende einer Sackgasse die Kuppel einer kleinen Kubba. So heißen die Heiligengräber in diesem Land, zu denen die Menschen mit ihren Wünschen pilgern. Die alte Frau stand vor dem verschlossenen Tor der Kubba und hob das winzige Kind in die Höhe. Sie preßte seinen Mund gegen einen Gegenstand, den ich von mir aus nicht erkennen konnte. Sie wiederholte diese Bewegung einigemal, dann stellte sie das Kind auf den Boden, nahm seine Händchen und wandte sich zum Gehen. Als sie die Ecke der Sackgasse erreicht hatte, mußte sie wieder an mir vorbei, aber diesmal gab sie mir nicht einmal einen bösen Blick und ging in die Richtung zurück, aus der wir beide gekommen waren.

Ich näherte mich der Kubba und sah in halber Höhe des hölzernen Tores einen Ring, um den alte Stofflappen gewickelt waren. Diese waren es, die das Kind geküßt hatte. Es hatte sich alles in größter Stille abgespielt und in meiner

Befangenheit hatte ich nicht bemerkt, daß die Schuljungen hinter mir standen und mich beobachteten. Plötzlich hörte ich ihr helles Lachen, drei oder vier von ihnen sprangen auf das Tor der Kubba zu, packten den Ring und küßten die alten Stofflappen. Sie lachten dabei laut und wiederholten die Prozedur von allen Seiten. Einer hing rechts am Ring, der andere links, und ihre Küsse folgten sich wie lautes Schnalzen. Sie wurden bald von anderen hinter ihnen weggestoßen. Jeder wollte mir zeigen, wie es zu geschehen habe; vielleicht erwarteten sie, daß ich es ihnen nachtue. Es waren saubere Kinder, alle gut gehalten, sicher wurden sie mehrmals am Tag gewaschen. Die Stofflappen aber sahen so schmutzig aus, als wäre die Gasse mit ihnen abgewischt worden. Sie galten als Fetzen vom Gewand des Heiligen selbst und für die Gläubigen war etwas von seiner Heiligkeit in ihnen enthalten.

Als die Jungen sich alle daran sattgeküßt hatten, kamen sie mir nach und umringten mich. Einer von ihnen fiel mir durch sein kluges Gesicht auf und ich merkte, daß er gern mit mir gesprochen hätte. Ich fragte ihn auf französisch, ob er lesen könne. Er sagte sehr wohlerzogen: »Qui, Monsieur.« Ich trug ein Buch unterm Arm, ich schlug es auf und hielt es ihm hin; er las langsam, aber fehlerlos die französischen Sätze herunter. Das Buch war ein Werk über die Glaubenssitten der Marokkaner, und die Stelle, die ich aufgeschlagen hatte, handelte von der Verehrung der Heiligen und ihren Kubbas. Man mag einen Zufall darin sehen oder nicht, er las mir jetzt vor, was er mir soeben mit seinen Kameraden vorgeführt hatte. Er ließ sich aber nichts davon anmerken; vielleicht faßte er im Eifer des Lesens die Bedeutung der Worte gar nicht auf. Ich lobte ihn, er nahm meine Anerkennung mit der Würde eines Erwachsenen entgegen. Er gefiel mir so gut, daß ich ihn unwillkürlich mit der Frau am Gitter in Verbindung brachte.

Ich zeigte in die Richtung des verfallenen Hauses und fragte: »Diese Frau dort am Gitter oben – kennst du sie?«

»Qui, Monsieur«, sagte er und sein Gesicht wurde sehr ernst.

»Elle est malade?« fragte ich weiter.

»Elle est très malade, Monsieur.«

Das »sehr«, das meine Frage verstärkte, klang wie eine Klage, aber eine Klage über etwas, in das er ganz ergeben war. Er war vielleicht neun Jahre alt, aber er sah nun aus, als hätte er schon zwanzig Jahre mit einer Schwerkranken zusammengelebt, wohl wissend, wie man sich da aufführen müsse.

»Elle est malade dans sa tête, n'est-ce pas?«

»Qui, Monsieur, dans sa tête.« Er nickte, als er »im Kopf« sagte, aber er zeigte statt auf seinen eigenen Kopf auf den eines anderen Jungen, der von besonderer Schönheit war: Er hatte ein langes, mattes Gesicht mit weit aufgerissenen, schwarzen, sehr traurigen Augen. Keines der Kinder lachte. Sie standen schweigend da. Ihre Stimmung hatte sich im Nu verändert, sobald ich von der Frau am Gitter zu sprechen begann.

Besuch in der Mellah

Am dritten Morgen, sobald ich allein war, fand ich den Weg in die Mellah. Ich kam an eine Kreuzung, wo viele Juden standen. Der Verkehr flutete an ihnen vorüber und um eine Ecke herum. Ich sah Menschen durch ein Gewölbe hindurchgehen, das in eine Mauer eingelassen schien, und folgte ihnen. Innerhalb dieser Mauer, auf allen vier Seiten von ihr umschlossen, lag die Mellah, das Judenviertel.

Ich fand mich auf einem kleineren, offenen Bazar. In niedrigen Gelassen hockten Männer mitten unter ihren Waren; manche, die europäisch gekleidet waren, saßen oder standen. Die Mehrzahl trugen die schwarzen Käppchen auf dem Kopf, durch die sich die Juden hier auszeichnen, und sehr viele waren bärtig. In den ersten Läden, auf die ich stieß, verkaufte man Stoffe. Einer maß mit der Elle Seide ab. Ein anderer führte nachdenklich und rasch seinen Bleistift und rechnete. Auch die reicher ausgestatteten Läden wirkten sehr klein. Viele hatten Besucher; in einem der Gelasse lagerten zwei sehr dicke Männer nachlässig um einen hageren dritten, der der Inhaber war und führten mit ihm eine lebhafte und doch würdevolle Unterhaltung.

Ich ging so langsam wie möglich vorüber und betrachtete die Gesichter. Ihre Verschiedenartigkeit war erstaunlich. Es gab Gesichter, die ich in anderer Kleidung für Araber gehalten hätte. Es gab leuchtende alte Juden von Rembrandt. Es gab katholische Priester von listiger Stille und Demut. Es gab Ewige Juden, denen die Unruhe über die ganze Gestalt geschrieben war. Es gab Franzosen. Es gab

Spanier. Es gab rötliche Russen. Einen hätte man als den Patriarchen Abraham begrüßen mögen, er sprach herablassend zu Napoleon und ein hitziger Besserwisser, der wie Goebbels aussah, mischte sich ein. Ich dachte an Seelenwanderung. Vielleicht, sagte ich mir, muß jedes Menschen Seele einmal zum Juden werden, und nun sind sie alle hier: Keine erinnert sich daran, was sie früher war und selbst wenn es sich in den Zügen so deutlich verrät, daß ich, ein Fremder, es erkenne, glaubt jeder dieser Menschen doch fest daran, daß er in gerader Linie von den Leuten der Bibel abstammt.

Aber sie hatten etwas, das ihnen allen gemeinsam war, und sobald ich mich an die Reichhaltigkeit ihrer Gesichter und ihres Ausdrucks gewöhnt hatte, versuchte ich herauszufinden, was dieses Gemeinsame eigentlich war. Sie hatten eine rasche Art, aufzublicken und sich über den, der vorüberkam, ein Urteil zu bilden. Nicht *einmal* geschah es, daß ich unbemerkt passierte. Wenn ich stehenblieb, mochte man in mir einen Käufer wittern und mich daraufhin prüfen. Aber meist empfing ich den raschen, intelligenten Blick lange, bevor ich stehenblieb, und ich empfing ihn auch, wenn ich auf der anderen Seite der Gasse ging. Selbst bei den wenigen unter ihnen, die faul wie die Araber dalagen, war der Blick nie faul: Er kam, ein sicherer Kundschafter, und ging rasch wieder. Es gab feindliche Blicke darunter, kalte, gleichgültige, ablehnende und unendlich weise. Aber nie erschienen sie dumm. Es waren die Blicke von Menschen, die immer auf der Hut sind, aber die Feindseligkeit, die sie erwarten, nicht hervorrufen wollen: keine Spur von Herausforderung; und eine Angst, die sich wohlweislich verborgen hält.

Man möchte sagen, daß die Würde dieser Menschen in

ihrer Umsichtigkeit enthalten ist. Der Laden ist nur auf einer Seite offen und sie brauchen um nichts besorgt zu sein, was in ihrem Rücken geschieht. Dieselben Menschen, auf der Gasse, fühlen sich unsicherer. Ich merkte bald, daß die ›Ewigen Juden‹ unter ihnen, die, die rastlos und zweifelhaft wirkten, immer *Passanten* waren; Leute, die ihre ganzen Waren mit sich herumtrugen und sich damit einen Weg durch die Menge bahnen mußten; die nie wußten, ob nicht jemand vom Rücken her über ihren armseligen Besitz herfiel, von links, von rechts oder von allen Seiten zugleich. Wer einen Laden sein eigen nannte und sich darin aufhielt, hatte etwas beinah Beruhigtes.

Manche aber kauerten auf der Gasse und boten Winzigkeiten feil. Oft waren es ganz jämmerliche Häufchen von Gemüse oder Früchten. Diese wirkten so, als hätten sie eigentlich gar nichts zu verkaufen und klammerten sich bloß an die Geste des Erwerbs. Sie sahen vernachlässigt aus; es gab viele von ihnen, und ich fand es nicht leicht, mich an sie zu gewöhnen. Aber bald war ich doch auf alles gefaßt und ich wunderte mich nicht besonders, als ich einen alten, kränklichen Mann am Boden hocken sah, der eine einzige verschrumpfte Zitrone zum Verkauf hinhielt.

Ich ging nun auf einer Gasse, die vom Bazar des Eingangs tiefer in die Mellah hineinführte. Sie war dicht belebt. Mitten unter den zahllosen Männern kamen mir einzelne Frauen entgegen, unverschleiert. Ein uraltes, völlig verwittertes Weib schlich daher, sie sah aus wie der älteste Mensch. Ihre Augen waren starr in die Ferne gerichtet, sie schien genau zu sehen, wohin sie ging. Sie wich niemandem aus, während andere Kurven beschrieben um durchzukommen, war um sie immer Platz. Ich glaube, man fürchtete sie: Sie ging ganz langsam und hätte Zeit gehabt, jedes einzelne Geschöpf zu verwünschen. Die Furcht, die sie einflößte, war es wohl, die ihr die Kraft zu ihrer Wanderung gab. Als sie endlich an mir vorüber war, wandte ich mich um und sah ihr nach. Sie spürte meinen Blick; denn sie drehte sich, so langsam wie sie ging, zu mir zurück und nahm mich voll ins Aug. Ich machte mich schleunigst davon; und so instinktiv war meine Reaktion auf ihren Blick gewesen, daß ich erst später merkte, wieviel rascher ich nun ging.

Ich passierte eine Reihe von Barbierläden. Junge Männer, Friseure, standen müßig vor der Tür. Auf dem Boden gegenüber hielt ein Mann einen Korb mit gerösteten Heuschrecken feil. Ich dachte an die berühmte ägyptische Plage und wunderte mich, daß auch Juden Heuschrecken aßen. In einem besonders hochgelegenen Gelaß kauerte ein Mann, der Züge und Farbe eines Neger hatte. Er trug das Käppchen der Juden und verkaufte Kohlen. Sie waren hoch um ihn aufgeschichtet, er sah aus, als sollte er in Kohlen eingemauert werden und warte nur auf die Handwerker, die diesen Auftrag auszuführen kämen. Er verhielt sich so still, daß ich ihn anfangs übersah, und er fiel mir nur durch seine Augen auf, die mitten in all diesen Kohlen glänzten. Neben ihm verkaufte ein Einäugiger Gemüse. Das Auge, mit dem er nicht sah, war ungeheuer geschwollen und wirkte wie eine Drohung. Er selber hantierte verlegen mit seinem Gemüse. Er schob es vorsichtig auf eine Seite hinüber und schob es dann vorsichtig wieder zurück. Ein anderer kauerte neben fünf oder sechs Steinen am Boden. Er nahm jeden einzeln in die Hand, wog ihn, betrachtete ihn und hielt ihn dann noch ein wenig in die Höhe. Er legte ihn zu den anderen zurück und wiederholte mit diesen dasselbe Spiel. Er blickte nicht *einmal* zu mir auf, obwohl ich dicht vor ihm stehengeblieben war. Er war der einzige Mensch im ganzen Viertel, der mich keines Blickes würdigte. Die Steine, die er verkaufen wollte, ließen ihm keine Ruhe und er schien an ihnen mehr interessiert als an Käufern.

Ich spürte, wie alles ärmer wurde, je tiefer ich in die Mellah eindrang. Die schönen Stoffe und Seiden lagen hinter mir. Niemand sah reich und fürstlich aus wie Abraham. Der Bazar gleich beim Eingangstor war eine Art von Luxusviertel gewesen, das eigentliche Leben, das Leben des einfachen Volkes spielte sich hier ab. Ich befand mich jetzt auf einem kleinen, rechteckigen Platz, der mir als das Herz der Mellah erschien. An einem länglichen Brunnen standen Männer und Frauen durcheinander. Die Frauen trugen Krüge, in die sie Wasser füllten. Die Männer füllten ihre ledernen Wasserbehälter. Ihre Esel standen neben ihnen und warteten darauf, getränkt zu werden. In der Mitte des Platzes hockten einige Garköche. Manche brieten Fleisch, andere kleine Krapfen; sie hatten ihre Familie bei sich, die Frauen und Kinder. Es war, als hätten sie ihren Haushalt auf den Platz verlegt und wohnten und kochten hier.

Bauern in Berbertracht standen umher, mit lebenden Hühnern in der Hand; sie hielten sie an den Beinen, die zusammengebunden waren, ihr Kopf hing nach unten. Wenn Frauen sich näherten, streckten sie ihnen die Hühner zum Abgreifen hin. Die Frau nahm das Tier in die Hand, ohne daß der Berber es freigab, ohne daß es seine Stellung änderte. Sie drückte es, zwickte es, sie griff genau dorthin, wo es Fleisch haben sollte. Niemand sprach während dieser Prüfung ein Wort, weder der Berber noch die Frau, auch das Tier blieb stumm. Dann ließ sie es in seiner Hand, wo es weiterhing, und ging zum nächsten Bauern. Nie kaufte eine Frau ein Huhn, ohne erst viele andere umständlich geprüft zu haben.

Rings um den ganzen Platz waren Läden; in manchen arbeiteten Handwerker, ihr Hämmern und Klopfen tönte laut in den Lärm der Sprechenden. An einer Ecke des Platzes waren viele Männer versammelt und diskutierten feurig. Ich verstand nicht, was sie sagten, aber nach ihren Mienen zu schließen, ging es um die großen Angelegenheiten der Welt. Sie waren verschiedener Meinung und fochten mit Argumenten; mir kam vor, sie gingen mit Genuß auf die Argumente der anderen ein.

In der Mitte des Platzes stand ein alter Bettler, der erste, den ich hier sah, er war kein Jude. Mit der Münze, die er bekam, wandte er sich sofort einem der kleinen Krapfen zu, die heftig in der Pfanne brutzelten. Es waren mancherlei Kunden um den Koch und der alte Bettler mußte warten, bis er an die Reihe kam. Aber er blieb geduldig, selbst so nahe vor der Erfüllung seines dringlichen Wunsches. Als er den Krapfen schließlich bekommen hatte, stellte er sich damit wieder in die Mitte und aß ihn mit weit offenem Munde auf. Sein Appetit verbreitete sich wie eine Wolke von Behagen über den Platz. Niemand achtete auf ihn, doch jeder sog den Duft seines Behagens mit ein und er schien mir für das Leben und Wohlergehen des Platzes sehr wichtig, sein essendes Denkmal.

Aber ich glaube nicht, daß er allein es war, dem ich die glückliche Verzauberung auf diesem Platze verdankte. Mir war zumute, als wäre ich nun wirklich woanders, am Ziel meiner Reise angelangt. Ich mochte nicht mehr weg von hier, vor Hunderten von Jahren war ich hier gewesen, aber ich hatte es vergessen und nun kam mir alles wieder. Ich fand jene Dichte und Wärme des Lebens ausgestellt, die ich in mir selber fühle. Ich *war* dieser Platz, als ich dort stand. Ich glaube, ich bin immer dieser Platz.

Die Trennung von ihm fiel mir so schwer, daß ich alle fünf oder zehn Minuten wieder dahin zurückkehrte. Wo immer ich nun weiter hinging, was immer ich noch in der Mellah erkundete, ich unterbrach es, um auf den kleinen Platz zurückzukehren, ihn in dieser oder jener Richtung zu überqueren, um mich zu vergewissern, daß er noch da war.

Ich bog zuerst in eine der stilleren Gassen ein, in der es keine Läden gab, nur Wohnhäuser. Überall, auf Mauern, neben Türen, in einiger Höhe vom Boden, waren Hände groß aufgemalt, jeder Finger deutlich umrissen, meist in blauer Farbe: Sie galten der Abwehr gegen den bösen Blick. Es war das häufigste Zeichen, das ich hier fand, und die Menschen brachten es besonders gerne dort an, wo sie wohnten. Durch offene Türen konnte ich in Höfe blicken; sie waren sauberer als die Gassen. Friede strömte von ihnen zu mir heraus. Für mein Leben gern wäre ich eingetreten, aber ich wagte es nicht, da ich keinen Menschen sah. Ich wußte nicht recht, was ich sagen könnte, wenn ich plötzlich in einem solchen Hause auf eine Frau träfe. Ich erschrak bei der Vorstellung, daß ich jemand erschrecken könnte. Die Stille der Häuser teilte sich einem als eine Art von Behutsamkeit mit. Aber es blieb nicht lange still. Ein dünnes, hohes Geräusch, das erst nach Grillen klang, verstärkte sich, bis ich an eine Voliere von Vögeln dachte. »Was kann das sein? Hier gibt es doch keine Voliere mit Hunderten von Vögeln! Kinder! Eine Schule!« Bald war kein Zweifel; der ohrenbetäubende Lärm kam aus einer Schule.

Durch ein offenes Tor blickte ich in einen großen Hof: Da

saßen vielleicht zweihundert winzig kleine Kinder dicht aneinandergedrängt; manche rannten umher oder spielten am Boden. Die Mehrzahl auf den Bänken hielt Fibeln in der Hand. In kleinen Gruppen von drei oder vier wiegten sie sich heftig vor- und rückwärts und rezitierten dazu mit hohen Stimmen: »Aleph. Beth. Gimel.« Die kleinen, schwarzen Köpfe schossen rhythmisch hin und her; immer war einer unter ihnen der eifrigste, seine Bewegungen die hitzigsten; und aus seinem Munde tönten die Laute des hebräischen Alphabets wie ein werdender Dekalog.

Ich war eingetreten und bemühte mich, das Treiben dieser unzähligen Kinder zu entwirren. Die kleinsten von ihnen spielten am Boden. Ein Lehrer stand unter ihnen, sehr ärmlich gekleidet; in der Rechten hielt er einen Ledergurt, zum Schlagen. Er trat unterwürfig auf mich zu. Sein längliches Gesicht war flach und ausdruckslos, in seiner leblosen Starre stach es auffallend von der Lebhaftigkeit der Kinder ab. Er wirkte, als könne er ihrer nie Meister werden, als wäre er zu schlecht bezahlt dafür. Er war ein junger Mensch, doch *ihre* Jugend machte ihn alt. Er sprach kein Wort Französisch und ich erwartete mir nichts von ihm. Ich war es zufrieden, daß ich mitten im ohrenbetäubenden Lärm dastehen und mich ein wenig umsehen konnte. Aber ich hatte ihn unterschätzt. Hinter seiner Totenstarre verbarg sich etwas wie Ehrgeiz: Er wollte mir zeigen, was seine Kinder konnten.

Er rief einen kleinen Jungen zu sich heran, hielt ihm eine Seite der Fibel vor Augen, so daß ich auch hineinsehen konnte, und zeigte rasch hintereinander auf hebräische Silben. Er wechselte von einer Zeile zur anderen, kreuz und quer; ich sollte nicht glauben, daß der Junge es auswendig gelernt hätte, und blind, ohne zu lesen, rezitiere. Die Augen des Kleinen sprühten, als er laut las: »La – lo – ma – nu – sche – ti – ba – bu.« Er machte nicht einen Fehler und stotterte nie. Er war der Stolz seines Lehrers und las immer rascher. Als er fertig war und der Lehrer ihm die Fibel entzog, streichelte ich seinen Kopf und lobte ihn, auf französisch, aber *das* verstand er. Er zog sich auf seine Bank zurück und tat, als sähe er mich nicht mehr, während der nächste Junge an die Reihe kam, der viel schüchterner war und Fehler machte. Der Lehrer entließ ihn mit einem leichten Klaps und holte noch ein oder zwei Kinder heran. Während dieser ganzen Prozedur ließ der tosende Lärm nicht im geringsten nach, die hebräischen Silben fielen wie Regentropfen ins wildbewegte Meer der Schule.

Andere Kinder kamen indessen an mich heran, betrachteten mich neugierig, manche frech, manche schüchtern, manche kokett. Der Lehrer, in seinem unerforschlichen Ratschluß, vertrieb die Schüchternen hart, während er die Frechen gewähren ließ. Es hatte alles seine Bedeutung. Er war der arme und traurige Herr dieser Schulabteilung, als die Vorführung beendet war, schwanden die kargen Spuren befriedigten Stolzes von seinem Gesicht. Ich bedankte mich sehr höflich und, um ihn zu heben, etwas von oben herab, als wäre ich ein wichtiger Besucher. Meine Zufriedenheit war unverkennbar; in meinem verfehlten Taktgefühl, das mich in der Mellah überall verfolgte, beschloß ich, am nächsten Tag wiederzukommen und ihm dann erst etwas Geld zu geben. Ich sah noch einen Augenblick den rezitierenden Buben zu, ihr Hin- und Herwiegen hatte es mir angetan, von allem gefielen sie mir am besten. Dann ging ich, aber den Lärm nahm ich ein gutes Stück mit. Er geleitete mich bis ans Ende der Straße.

Diese wurde nun belebter, als führe sie an einen wichtigen

öffentlichen Ort. Ich sah in einiger Entfernung von mir eine Mauer und ein großes Tor. Ich wußte nicht, wohin es führte; aber je näher ich ihm kam, um so öfter traf ich auf Bettler, die rechts oder links von der Straße saßen. Ich wunderte mich über sie, da ich noch keine jüdischen Bettler gesehen hatte. Bei jenem Tore angelangt, sah ich zehn oder fünfzehn von ihnen in einer Reihe kauern, Männer und Frauen, meist ältere Leute. Ich stand etwas verlegen mitten auf der Straße still und gab mir den Anschein, das Tor zu studieren, während ich in Wahrheit die Gesichter der Bettler betrachtete.

Ein junger Mann kam von der Seite auf mich zu, zeigte auf die Mauer, sagte »le cimetière israélite«, und machte sich erbötig, mich hineinzuführen. Es waren die einzigen französischen Worte, die er sprach. Ich folgte ihm rasch durch das Tor. Er war flink und es gab nichts zu reden. Ich fand mich auf einem ungeheuer kahlen Platz, wo nicht ein Halm wuchs. Die Grabsteine waren so nieder, daß man sie fast übersah; im Gehen stieß man daran wie an gewöhnliche Steine. Der Friedhof sah wie ein riesiger Schutthaufen aus; vielleicht war er es gewesen und man hatte ihn erst später seiner ernsteren Bestimmung zugeführt. Nichts auf dem Platze erhob sich in die Höhe. Die Steine, die man sah, und die Knochen, die man sich dachte, alle *lagen*. Es war nicht angenehm, hier aufrecht zu gehen, man konnte sich gar nichts darauf einbilden und kam sich nur lächerlich vor.

Die Friedhöfe in anderen Teilen der Erde sind so eingerichtet, daß sie den Lebenden Freude gewähren. Es lebt viel auf ihnen, Pflanzen und Vögel, und der Besucher, als einziger Mensch unter so viel Toten, fühlt sich davon aufgemuntert und gestärkt. Sein eigener Zustand erscheint

ihm beneidenswert. Auf den Grabsteinen liest er die Namen von Leuten; jeden einzelnen von ihnen hat er über-
lebt. Ohne daß er es sich gesteht, ist ihm ein wenig so zumute, als hätte er jeden von ihnen im Zweikampf besiegt.
Er ist auch traurig, gewiß, über so viele, die nicht mehr
sind, aber dafür ist er selber unüberwindlich. Wo sonst
kann er sich so vorkommen? Auf welchem Schlachtfeld
der Welt bleibt er als einziger übrig? Aufrecht steht er mitten unter ihnen, die alle liegen. Aber auch die Bäume und
die Grabsteine stehen aufrecht. Sie sind hier gepflanzt und
aufgestellt und umgeben ihn als eine Art von Hinterlassen-
schaft, die dazu da ist, ihm zu gefallen.
Auf diesem wüsten Friedhof der Juden aber ist nichts. Er
ist die Wahrheit selbst, eine Mondlandschaft des Todes. Es
ist dem Betrachter herzlich gleichgültig, wer wo liegt. Er
bückt sich nicht und sucht es nicht zu enträtseln. Sie sind
alle da wie Schutt und man möchte rasch wie ein Schakal
darüber weghuschen. Es ist die Wüste aus Toten, auf der
nichts mehr wächst, die letzte, die allerletzte Wüste.
Als ich ein Stück weit hineingegangen war, hörte ich Rufe
hinter mir. Ich drehte mich um und blieb stehen. Auch auf
der inneren Seite der Mauer, nahe beim Tor, standen Bettler. Es waren alte, bärtige Männer, einige von ihnen auf
Krücken, einige blind. Ich stutzte, weil ich sie vorher nicht
bemerkt hatte; da mein Führer es so eilig gehabt hatte, war
zwischen ihnen und mir eine Entfernung von gewiß hundert Schritt. Ich zögerte davor, dieses Stück Einöde nochmals zu überschreiten, bevor ich weiter eingedrungen war.
Aber *sie* zögerten nicht. Drei von ihnen lösten sich aus der
Gruppe an der Mauer und kamen in größter Eile auf mich
zugehumpelt. Der erste von ihnen war ein breitschultriger,
schwerer Mann mit einem mächtigen Bart. Er war einbei-

nig und warf sich mit Wucht auf seinen Krücken vorwärts. Er war den anderen bald weit voran. Die niederen Grabsteine waren kein Hindernis für ihn, seine Krücken berührten den Boden immer an der rechten Stelle und glitten an keinem Stein ab. Wie ein drohendes altes Tier kam er auf mich zugestürzt. In seinem Gesichte, das mir rasch näherkam, war nichts, das Mitleid erregte. Es drückte wie die ganze Gestalt eine einzige ungestüme Forderung aus: »Ich lebe. Gib mir!«

Ich hatte das unerklärliche Gefühl, daß er mich mit seinem Gewicht erschlagen wollte; er war mir unheimlich. Mein Führer, ein leichter, schmaler Mensch, der die Bewegungen einer Eidechse hatte, zog mich rasch fort, bevor er mich erreicht hatte. Er wollte nicht, daß ich diesen Bettlern etwas gebe und rief ihnen auf arabisch etwas zu. Der schwere Mann auf Krücken versuchte uns nachzukommen, aber als er einsah, daß wir rascher waren, gab er es auf und blieb stehen. Ich hörte ihn noch ein gutes Stück zornig fluchen, und die Stimmen der anderen, die hinter ihm zurückgeblieben waren, vereinigten sich mit seiner zu einem bösen Chor.

Ich war erleichtert, daß ich ihnen entkommen war, und doch schämte ich mich, weil ich ihre Erwartungen vergebens geweckt hatte. Der Angriff des einbeinigen Alten war nicht an den Steinen abgeprallt, die ihm und seinen Krücken wohl vertraut waren; er war gescheitert an der Flinkheit meines Führers. Auf den Sieg in diesem ungleichen Wettlauf hatte man sich bei Gott nichts einzubilden. Ich wollte etwas über unseren armen Feind in Erfahrung bringen und wandte mich mit Fragen an den Führer. Er verstand kein Wort und statt einer Antwort verbreitete sich ein schwachsinniges Lächeln über sein Gesicht. Dazu sagte er »Oui«, immer wieder »Oui«. Ich wußte nicht, wohin er mich führte. Aber die Wüste war nach dem Erlebnis mit dem alten Mann nicht mehr ganz so wüst. Er war ihr rechtmäßiger Bewohner, ein Flurhüter der kahlen Steine, des Schuttes und der unsichtbaren Gebeine.

Doch ich hatte seine Bedeutung überschätzt. Denn es dauerte nicht lange und ich kam an ein ganzes Volk, das hier ansässig war. Hinter einer kleinen Erhöhung bogen wir in eine Mulde ein und standen plötzlich vor einem winzigen Bethaus. Draußen, in einem Halbkreis, hatten sich vielleicht fünfzig Bettler angesiedelt, Männer und Frauen durcheinander, mit jedem Gebrest unter der Sonne behaftet, wie ein ganzer Stamm, wobei aber solche von fortgeschrittenem Alter überwogen. Sie hatten sich in farbigen Gruppen auf dem Boden niedergelassen und gerieten nun allmählich, nicht zu hastig, in Bewegung. Sie begannen Segenssprüche zu murmeln und streckten die Arme aus. Doch sie kamen mir nicht zu nahe, bevor ich die Schwelle des Bethauses betrat.

Ich blickte in einen ganz kleinen länglichen Raum, in dem Hunderte von Kerzen brannten. Sie staken in niederen Glaszylindern und schwammen in Öl. Die meisten von ihnen waren auf Tischen von gewöhnlicher Höhe ausgebreitet und man sah auf sie herab wie auf ein Buch, das man liest. Eine Minderzahl hing in größeren Gefäßen von der Decke herab. Auf jeder Seite des Raumes stand ein Mann, offenbar dazu bestellt, Gebete zu verrichten. Auf den Tischen in ihrer Nähe lagen einige Münzen. Ich zögerte auf der Schwelle, da ich keine Kopfbedeckung bei mir hatte. Der Führer nahm seine schwarze Mütze vom Kopf herunter und überreichte sie mir. Ich setzte sie mir auf, nicht ohne einige Verlegenheit, weil sie sehr schmutzig war. Die Vorbeter winkten mir und ich trat unter die Kerzen. Man nahm mich für keinen Juden und ich verrichtete kein Gebet. Der Führer zeigte auf die Münzen und ich begriff, was ich nun zu tun hatte. Ich blieb nur ganz kurz. Ich empfand Scheu vor diesem kleinen Raum mitten in der Wüste, der von Kerzen erfüllt war, der allein aus Kerzen bestand. Es ging eine stille Heiterkeit von ihnen aus, als wäre nichts ganz zu Ende, solange sie brannten. Vielleicht waren es diese zarten Flammen allein, was von den Toten übrig war. Draußen aber spürte man nah und dicht das leidenschaftliche Leben der Bettler.

Ich trat wieder unter sie und nun gerieten sie wahrhaftig in Bewegung. Sie drängten sich an mich heran, von allen Seiten, als könnte ich gerade *ihr* Gebrechen übersehen und brachten es mir wie in einem kunstvollen und doch sehr heftigen Tanz nahe. Sie faßten mein Knie und küßten mir den Rock. Sie segneten, so kam es mir vor, jede Stelle meines Körpers. Es war, als würden eine Menge von Menschen mit Mund und Aug und Nase, mit Armen und Beinen, mit Lumpen und Krücken, mit allem, was sie hatten, woraus sie bestanden, zu einem *beten*. Ich erschrak, aber ich kann nicht leugnen, daß ich auch sehr ergriffen war und aller Schrecken sich bald in dieser Ergriffenheit verlor. Noch nie waren mir Menschen leiblich so nahe gekommen. Ich vergaß ihren Schmutz, er war mir gleichgültig, ich dachte nicht an Läuse. Ich fühlte, wie verführerisch es sein kann, sich für Menschen lebenden Leibes zerstückeln zu lassen. Dieses furchtbare Maß von Verehrung scheint das Opfer wert, und wie sollte es nicht Wunder stiften.

Aber mein Führer sorgte dafür, daß ich nicht unter den Händen der Bettler blieb. Seine Ansprüche waren älter und noch gar nicht befriedigt. Ich hatte nicht genug Wechselgeld für alle. Er vertrieb durch heftiges Keifen und Bellen die Ungestillten und zog mich am Arme fort. Als wir das Bethaus im Rücken hatten, sagte er mit seinem schwachsinnigen Lächeln dreimal »oui«, obwohl ich ihn gar nichts gefragt hatte. Es schien nicht mehr der gleiche Schutthaufen, als ich den gleichen Weg zurückging. Ich wußte nun, wohin sich sein Leben und sein Licht zusammengezogen hatten. Der alte Mann innen am Tore, der den Wettlauf auf seinen Krücken mit so viel Energie angegangen war, sah mich finster an, aber er blieb stumm und behielt seinen Fluch für sich. Ich schritt zum Tor des Friedhofs hinaus und mein Führer verschwand, so rasch wie er gekommen war, und an derselben Stelle. Es ist möglich, daß er in einer Ritze der Friedhofsmauer lebte und selten aus ihr hervorkam. Er verschwand nicht, ohne entgegenzunehmen, was ihm gebührte, und zum Abschied sagte er »oui«.

Die Familie Dahan

Als ich am nächsten Morgen wieder in die Mellah kam, ging ich so rasch wie möglich zum kleinen Platz, den ich ›das Herz‹ nannte, und dann zur Schule, wo ich dem maskenhaften Lehrer noch etwas schuldig war. Er empfing mich, als wäre ich noch nie dagewesen, auf genau dieselbe Weise, und vielleicht wäre er wieder durch die ganze Prozedur des Lesens gegangen; aber ich kam ihm zuvor und gab ihm, was ich ihm schuldig zu sein glaubte. Er nahm das Geld rasch, ohne jedes Zögern und mit einem Lächeln, das sein Gesicht noch starrer und blöder erscheinen ließ. Ich ging ein wenig unter den Kindern umher, betrachtete mir ihre rhythmischen Lesebewegungen, die mich tags zuvor so beeindruckt hatten. Dann verließ ich die Schule und schlenderte aufs Geratewohl durch die Gassen der Mellah. Meine Lust, eines der Häuser zu betreten, war gewachsen. Ich hatte mir vorgenommen, die Mellah diesmal nicht zu verlassen, ohne ein Haus von innen gesehen zu haben. Aber wie kam ich hinein? Ich brauchte einen Vorwand, und mein Glück wollte es, daß sich mir bald einer bot.

Ich blieb vor einem der größten Häuser stehen, dessen Portal aus der Reihe der übrigen in der Gasse durch eine gewisse Ansehnlichkeit hervorstach. Das Tor war offen. Ich blickte in einen Hof hinein, an dessen innerer Seite eine junge, dunkle, sehr leuchtende Frau saß. Vielleicht war sie es, die meinen Blick zuerst angezogen hatte. Auf dem Hof spielten Kinder, und da ich nun schon etwas Erfahrung mit Schulen hatte, fiel mir ein, ich könne dieses Haus als eine Schule ansehen und mich so stellen, als wäre ich an den Kindern interessiert.

Ich blieb stehen und starrte hinein, über die Kinder auf die Frau, als sich sehr bald ein junger, hochgewachsener Mann, den ich nicht bemerkt hatte, vom Hintergrund löste und auf mich zukam. Er war schlank und trug den Kopf hoch erhoben, in seinem wallenden Gewand nahm er sich sehr vornehm aus. Er blieb vor mir stehen, blickte mich ernst und prüfend an und fragte mich auf arabisch nach meinem Begehr. Ich entgegnete auf französisch: »Ist das eine Schule hier?« Er verstand mich nicht, zögerte etwas, sagte »Attendez!« und wandte sich von mir ab. Es war nicht das einzige Wort Französisch, das er sprach, denn als er mit einem jüngeren Menschen wiederkehrte, der auf französische Art herausgeputzt war, in einem besten europäischen Anzug und so als ob es ein Festtag wäre, sagte er noch »mon frère« und »parle français«.

Dieser jüngere Bruder hatte ein flaches, stumpfes Bauerngesicht, er war sehr braun. In anderer Gewandung hätte ich ihn für einen Berber gehalten, aber keinen schönen. Er sprach wirklich Französisch und fragte mich, was ich wünsche. »Ist das eine Schule hier?« fragte ich, nun schon ein wenig schuldbewußt, denn ich hatte mich nicht enthalten können, wieder einen Blick auf die Frau im Hof hinten zu werfen, und das war ihnen nicht entgangen.

»Nein«, sagte der jüngere Bruder. »Es war eine Hochzeit hier gestern.«

»Eine Hochzeit? Gestern?« Ich war sehr erstaunt, weiß Gott warum, und auf meine lebhafte Reaktion hin schien es ihm angebracht zu ergänzen: »Mein Bruder hat geheiratet.«

Er wies mit einer leichten Bewegung des Kopfes auf den älteren Bruder, den ich so vornehm fand. Nun hätte ich mich für die Auskunft bedanken sollen und wieder meiner

Wege gehen. Aber ich zögerte und der junge Ehemann sagte mit einer einladenden Armbewegung:

»Entrez! Treten Sie ein!« Der Bruder fügte hinzu: »Wollen Sie das Haus sehen?« Ich dankte und betrat den Hof.

Die Kinder – es waren ihrer vielleicht ein Dutzend – stoben auseinander und machten mir Platz. Ich überschritt den Hof, die beiden Brüder geleiteten mich. Die leuchtende junge Frau erhob sich – sie war noch viel jünger, als ich gedacht hatte, sechzehn vielleicht –, und wurde mir von dem jüngeren Bruder als seine Schwägerin vorgestellt. Sie war es, die tags zuvor geheiratet hatte. Man öffnete eine Tür in ein Gemach, das auf der fernen Seite des Hofes lag, und bat mich einzutreten. Das ziemlich kleine Zimmer, peinlich ordentlich und rein, war nach europäischer Weise eingerichtet: links von der Tür befand sich ein breites Doppelbett, rechts von ihr ein großer quadratischer Tisch, der mit einer dunkelgrünen Samtdecke überzogen war. Dahinter an der Wand stand ein Büffet, in dem man Flaschen und Likörgläschen sah. Die Stühle um den Tisch vervollständigten das Bild; es sah aus wie in irgendeiner sehr bescheidenen französischen Kleinbürgerwohnung. Nicht ein Gegenstand verriet das Land, in dem man sich befand. Sicher war es ihr bestes Zimmer, jedes andere im Hause hätte mich mehr interessiert. Aber sie meinten mich zu ehren, indem sie mir hier Platz anboten.

Die junge Frau, die Französisch verstand, aber kaum den Mund aufmachte, nahm Flasche und Gläschen aus dem Büffet und goß mir von einem starken Schnaps ein, den die Juden hier brauen. Er heißt Mahya und sie trinken viel davon. Ich hatte im Gespräch mit Mohammedanern oft den Eindruck, daß sie, die eigentlich keinen Alkohol trinken dürfen, die Juden um diesen Schnaps beneiden. Der jüngere Bruder forderte mich zum Trinken auf. Wir hatten uns alle drei gesetzt, er, seine Schwägerin und ich, während der Ältere, der Hochzeiter, nur ein paar Höflichkeitsaugenblicke bei der Tür stehen blieb und dann wieder seiner Wege ging. Er hatte wohl viel zu tun, und da er sich mit mir ja doch nicht verständigen konnte, überließ er mich seiner Frau und seinem kleinen Bruder.

Die Frau betrachtete mich aus ihren reglosen, braunen Augen, sie wandte keinen Blick von mir, aber nicht das leiseste Zucken in ihrem Gesicht verriet, was sie über mich dachte. Sie hatte ein einfaches, geblümtes Kleid an, das aus einem französischen Warenhaus stammen mochte, es paßte zur Einrichtung des Zimmers. Ihr junger Schwager in seinem dunkelblauen Anzug, der lächerlich gut gebügelt war, sah aus, als sei er soeben aus der Vitrine eines Pariser Kleidergeschäfts herausgestiegen. Das einzig Fremdartige im ganzen Raum war die dunkle Hautfarbe der beiden.

Während der höflichen Fragen, die nun vom jungen Mann an mich gestellt wurden und die ich ebenso höflich, wenn auch weniger steif zu beantworten suchte, dachte ich immer daran, daß die schöne, stumme Person, die mir gegenüber saß, vor kurzem von ihrem Hochzeitslager aufgestanden war. Es war schon spät am Vormittag, aber gewiß hatte sie sich heute spät erhoben. Ich war der erste Fremde, den sie sah, seit diese wesentliche Veränderung in ihrem Leben eingetreten war. Meine Neugier für sie kam der ihren für mich gleich. Ihre Augen waren es, die mich ins Haus hineingezogen hatten, und nun starrte sie mich unverwandt schweigend an, während ich fließend sprach, aber nicht zu ihr. Ich entsinne mich, daß ich während dieser Sitzung von einer ganz absurden Hoffnung erfüllt war. Ich hoffte, daß sie mich in Gedanken mit ihrem Hochzeiter verglich, der mir so gut gefallen hatte; ich wünschte mir, daß sie ihn mir vorziehen möge, seine schlichte Gehobenheit und leichte Würde meiner anmaßenden Fremdheit, hinter der sie vielleicht Macht und Reichtum vermutete. Ich wünschte ihm meine Niederlage und seiner Ehe Segen.

Der junge Mann fragte mich, woher ich komme.

»Aus England«, sagte ich, »London.« Ich hatte mir angewöhnt, hier diese vereinfachte Antwort zu geben, um die Menschen nicht zu verwirren. Ich spürte eine leise Enttäuschung über meine Antwort, wußte aber noch nicht, was er lieber gehört hätte.

»Sie sind als Besucher hier?«

»Ja, ich habe Marokko noch nie gesehen.«

»Waren Sie schon in der Bahía?«

Nun begann er mich nach allen offiziellen Sehenswürdigkeiten der Stadt zu fragen: war ich da gewesen, oder dort, und endete damit, daß er sich als Führer antrug. Ich wußte, daß man nichts mehr sah, sobald man sich einmal einem Einheimischen als Führer anvertraut hatte, und um diese Hoffnung so rasch wie möglich abzuschneiden und das Gespräch auf andere Dinge zu bringen, erklärte ich, daß ich mit einer englischen Filmgesellschaft hier sei, die der Pascha persönlich mit einem Führer versehen habe. Ich hatte eigentlich mit diesem Film nichts zu tun. Aber ein englischer Freund von mir, der ihn herstellte, hatte mich nach Marokko eingeladen, und ein anderer Freund, der mit mir war, ein junger Amerikaner, spielte darin eine Rolle.

Meine Auskunft verfehlte ihre Wirkung nicht. Er bestand nicht mehr darauf, mir die Stadt zu zeigen, aber ganz andere Aussichten eröffneten sich vor seinen Augen. Ob wir

vielleicht eine Stelle für ihn hätten? Er mache alles. Er sei schon lange ohne Arbeit. Sein Gesicht, das etwas Stumpfes und Finsteres hatte, war mir bis jetzt unerklärlich erschienen; es reagierte wenig oder so langsam, daß man widerstrebend annahm, in diesem Menschen gehe überhaupt nichts vor. Nun aber begriff ich, daß sein Anzug mich über seine Verhältnisse getäuscht hatte. Vielleicht sah er so finster drein, weil er seit langem ohne Arbeit war, und vielleicht ließ seine Familie ihn das fühlen. Ich wußte, daß alle kleinen Posten in der Gesellschaft meines Freundes längst vergeben waren und sagte es ihm gleich, um ihn nicht irrezuführen. Er kam mir mit dem Kopf über den Tisch ein wenig näher und fragte plötzlich:
»Êtes-vous Israélite?«
Ich sagte begeistert ja. Es war so angenehm, endlich etwas bejahen zu können, und ich war auch neugierig auf die Wirkung, die dieses Bekenntnis auf ihn haben würde. Er lachte übers ganze Gesicht und zeigte seine großen, gelblichen Zähne. Er wandte sich zu seiner Schwägerin, die in einiger Entfernung mir gegenüber saß und nickte heftig, um seine Freude über diese Nachricht an sie weiterzugeben. Sie verzog keine Miene. Sie schien mir eher ein wenig enttäuscht; vielleicht hätte sie sich den Fremden ganz fremd gewünscht. Er strahlte noch eine Weile, und als ich nun Fragen zu stellen begann, antwortete er etwas flüssiger, als ich es von ihm erwartet hätte.
Ich erfuhr, daß die Schwägerin aus Mazagan stammte. Das Haus war nicht immer so voll. Die Mitglieder der Familie waren aus Casablanca und Mazagan zur Hochzeit hergefahren und hatten ihre Kinder mitgebracht. Alle wohnten nun bei ihnen im Haus und darum war der Hof so ungewöhnlich belebt. Er hieß Élie Dahan und nahm stolz zur

Kenntnis, daß ich denselben Vornamen trug wie er. Sein Bruder war Uhrmacher, aber er hatte kein eigenes Geschäft, er war bei einem anderen Uhrmacher angestellt. Ich wurde wiederholt zum Trinken aufgefordert und man stellte eingemachte Früchte vor mich hin, wie meine Mutter sie zu machen pflegte. Ich trank, aber die Früchte lehnte ich höflich ab – vielleicht weil sie mich zu sehr anheimelten –, und rief dadurch endlich eine klare Reaktion auf dem Gesicht der Schwägerin hervor, Bedauern. Ich erzählte, daß meine Vorfahren aus Spanien gekommen wären, und fragte, ob es noch Leute in der Mellah gäbe, die das alte Spanisch sprächen. Er wußte niemand, doch hatte er von der Geschichte der Juden in Spanien gehört und diese Ahnung war das erste, was über seine französische Aufmachung und die Verhältnisse seiner engsten Umgebung hinauszugehen schien. Nun fragte wieder er. Wieviel Juden es in England gäbe? Ob es ihnen gut ginge und wie man sie behandle? Ob es große Männer darunter gäbe? Ich fühlte plötzlich etwas wie eine warme Dankespflicht gegen das Land, in dem es mir gut ergangen war, in dem ich Freunde gewonnen hatte, und damit er mich verstehe, erzählte ich ihm von einem englischen Juden, der es zu hohem politischen Ansehen gebracht hatte, Lord Samuel.

»Samuel?« fragte er und strahlte wieder übers ganze Gesicht, so daß ich annahm, er habe von ihm gehört und wisse über seine Laufbahn Bescheid. Aber da hatte ich mich geirrt; denn er wandte sich der jungen Frau zu und sagte: »Das ist der Name meiner Schwägerin. Ihr Vater heißt Samuel.« Ich sah sie fragend an; sie nickte heftig.

Von diesem Augenblick an wurde er in seinen Fragen kühner. Das Gefühl einer entfernten Verwandtschaft mit Lord Samuel, der, wie ich ihm sagte, Mitglied britischer Regierungen gewesen war, befeuerte ihn. Ob es noch andere Israeliten in unserer Gesellschaft gäbe? Einen, sagte ich. Ob ich ihn nicht zu Besuch mitbringen möchte? Ich versprach es. Ob keine Amerikaner mit uns seien? Zum erstenmal sprach er das Wort ›Amerikaner‹ aus; ich spürte, daß es sein goldenes Wort war und begriff, warum er anfangs über meine Herkunft aus England enttäuscht gewesen war. Ich erzählte von meinem amerikanischen Freund, der im selben Hotel wie wir wohne; doch mußte ich zugeben, daß er kein ›Israélite‹ war.

Der ältere Bruder trat wieder ein; vielleicht fand er, daß ich schon zu lange dasaß. Er warf einen Blick auf seine Frau. Sie starrte mich noch immer an. Es kam mir vor, daß ich um ihretwillen geblieben war und die Hoffnung, mit ihr ins Gespräch zu kommen, nicht aufgegeben hatte. Ich sagte dem Jüngeren, er möge mich doch, wenn er Lust habe, in meinem Hotel aufsuchen und erhob mich von meinem Sessel. Ich verabschiedete mich von der jungen Frau. Die beiden Brüder geleiteten mich hinaus. Der Hochzeiter stellte sich vors Tor, ein wenig so, als ob er mir den Weg vertrete, und mir kam der Gedanke, daß er für meine Besichtigung des Hauses vielleicht Bezahlung erwarte. Ich mochte ihn aber auch nicht beleidigen, er gefiel mir noch immer gut, und so stand ich einen Augenblick in peinlichster Verlegenheit da. Meine Hand, die sich der Tasche genähert hatte, blieb auf halbem Wege stehen und ich ertappte sie dabei, wie sie sich kratzend stellte. Der Jüngere kam zu meiner Rettung und sagte etwas auf arabisch. Ich hörte das Wort ›Jehudi‹, Jude, das sich auf mich bezog, und wurde mit einem freundlichen, etwas enttäuschten Händedruck entlassen.

Schon am nächsten Tage meldete sich Élie Dahan in meinem Hotel. Er fand mich nicht vor und kam wieder. Ich war viel unterwegs und er hatte kein Glück; vielleicht glaubte er auch, daß ich mich verleugnen ließ. Das dritte oder vierte Mal traf er mich endlich an. Ich lud ihn zu einem Kaffee ein und er begleitete mich zur Djema el Fna, wo wir uns auf eine der Kaffeehausterrassen setzten. Er war genauso angezogen wie am Tag zuvor. Erst sprach er kaum, aber selbst seiner ausdruckslosen Miene war zu entnehmen, daß er etwas auf dem Herzen hatte. Ein alter Mann näherte sich unserem Tisch, der gravierte Messingplatten zu verkaufen hatte; an seinem schwarzen Käppchen, an Kleidung und Bart war er leicht als Jude zu erkennen. Élie beugte sich geheimnisvoll zu mir herüber und als hätte er mir etwas ganz Besonderes anzuvertrauen, sagte er: »C'est un Israélite.« Ich nickte erfreut. Um uns saßen lauter Araber und ein oder zwei Europäer. Erst jetzt, seit das Einverständnis des Vortags zwischen uns wiederhergestellt war, fühlte er sich freier und rückte mit seinem Anliegen heraus.

Ob ich ihm einen Brief an den Kommandanten des Lagers von Ben Guérir geben könnte. Er möchte gern bei den Amerikanern arbeiten.

»Was für einen Brief?« fragte ich.

»Sagen Sie dem Kommandanten, daß er mir eine Stelle geben soll.«

»Aber ich kenne den Kommandanten gar nicht.«

»Schreiben Sie ihm einen Brief«, wiederholte er, als hätte er nicht gehört, was ich sagte.

»Ich kenne den Kommandanten nicht«, wiederholte ich.

»Sagen Sie ihm, daß er mir eine Stelle geben soll.«

»Aber ich weiß nicht einmal, wie er heißt. Wie kann ich ihm da schreiben?«

»Ich werde Ihnen den Namen sagen.«

»Was für eine Arbeit möchten Sie denn dort haben?«

»Comme plongeur«, sagte er und ich glaubte mich zu entsinnen, daß das jemand bedeute, der Geschirr abwasche.

»Waren Sie schon einmal dort?«

»Ich habe bei den Amerikanern als ›plongeur‹ gearbeitet«, sagte er sehr stolz.

»In Ben Guérir?«

»Ja.«

»Und warum sind Sie weg von dort?«

»Ich bin entlassen worden«, sagte er, genauso stolz.

»Ist das schon lange her?«

»Vor einem Jahr.«

»Warum melden Sie sich dann nicht wieder?«

»Leute aus Marokko dürfen nicht ins Lager. Nur wenn sie dort arbeiten.«

»Aber warum hat man Sie entlassen? – Sie wollten damals vielleicht selber weg?« fügte ich taktvoll hinzu.

»Es gab nicht genug Arbeit. Man hat viele entlassen.«

»Dann wird dort kaum eine Stelle für Sie frei sein, wenn es zu wenig Arbeit gibt.«

»Schreiben Sie dem Kommandanten, daß er mir eine Stelle geben soll.«

»Ein Brief von mir hätte gar keine Wirkung, weil ich ihn nicht kenne.«

»Mit einem Brief läßt man mich vor.«

»Aber ich bin nicht einmal Amerikaner. Ich habe Ihnen gesagt, daß ich Engländer bin. Erinnern Sie sich nicht?«

Er runzelte die Stirn. Es war das erste Mal, daß er auf einen Einwand hörte. Er überlegte und sagte dann:

»Ihr Freund ist ein Amerikaner.«

Jetzt begriff ich. Ich, der leibhaftige Freund eines leibhaftigen Amerikaners sollte dem Kommandanten des Lagers von Ben Guérir einen Brief schreiben, in dem ich forderte, daß er Élie Dahan eine Stelle als ›plongeur‹ gebe.

Ich sagte, daß ich mit meinem amerikanischen Freunde sprechen würde. Er werde sicher wissen, was in so einem Falle zu tun sei. Vielleicht könne er selber einen solchen Brief schreiben; aber natürlich müsse ich ihn erst fragen. Ich wüßte, daß er den Kommandanten persönlich überhaupt nicht kenne.

»Schreiben Sie, er soll auch meinem Bruder eine Stelle geben.«

»Ihrem Bruder? Dem Uhrmacher?«

»Ich habe noch einen jüngeren Bruder. Er heißt Simon.«

»Was macht er?«

»Er ist Schneider. Er hat auch bei den Amerikanern gearbeitet.«

»Als Schneider?« – »Er hat Wäsche gezählt.«

»Und er ist auch schon seit einem Jahr weg von dort?«

»Nein. Er ist vor 14 Tagen entlassen worden.«

»Das heißt, daß man keine Arbeit mehr für ihn hat.«

»Schreiben Sie für beide. Ich werde Ihnen den Namen des Kommandanten geben. Schreiben Sie von Ihrem Hotel.«

»Ich werde mit meinem Freund sprechen.«

»Soll ich den Brief im Hotel holen?«

»Kommen Sie in zwei, drei Tagen, wenn ich mit meinem Freund gesprochen habe und dann werde ich Ihnen sagen, ob er einen Brief für Sie schreiben kann.«

»Kennen Sie den Namen des Kommandanten nicht?«

»Nein. Sie wollten mir den Namen selber geben, nicht?«

»Soll ich Ihnen den Namen des Kommandanten ins Hotel bringen?«

»Ja. Das können Sie tun.«

»Ich bringe Ihnen heute den Namen des Kommandanten. Sie schreiben ihm einen Brief, daß er mir und meinem Bruder eine Stelle geben soll.«

»Bringen Sie mir morgen den Namen.« Ich fing an ungeduldig zu werden. »Ich kann Ihnen nichts versprechen, bevor ich mit meinem Freund gesprochen habe.«

Ich verwünschte den Augenblick, in dem ich das Haus seiner Familie betreten hatte. Er würde nun täglich kommen, vielleicht mehr als einmal, und immer wieder denselben Satz wiederholen. Ich hätte nie die Gastfreundschaft der Leute annehmen sollen. Im selben Augenblick sagte er:

»Möchten Sie nicht wieder zu uns nach Hause kommen?«

»Jetzt? Nein, jetzt habe ich zu wenig Zeit. Ein andermal gern.«

Ich stand auf und verließ die Terrasse. Er stand unsicher auf und folgte mir. Ich merkte, daß er zögerte, und als wir einige Schritte gegangen waren, fragte er:

»Haben Sie bezahlt?«

»Nein.« Ich hatte es vergessen. Ich hatte so rasch wie möglich die Flucht vor ihm ergreifen wollen und den Kaffee, zu dem ich ihn eingeladen hatte, zu bezahlen vergessen. Ich schämte mich vor ihm und meine Gereiztheit verflog. Ich ging zurück, bezahlte und schlenderte mit ihm durch die Gasse, die in die Mellah führte.

Er verfiel nun in die Rolle des Führers und zeigte auf alles, was ich schon kannte. Seine Aufklärungen bestanden aus jeweils zwei Sätzen: »Das ist die Bahía. Waren Sie schon in der Bahía?« »Das sind die Goldschmiede. Haben Sie schon die Goldschmiede gesehen?«

Meine Antwort war nicht weniger stereotyp. »Ja, ich war schon dort«, oder »ja, ich hab sie gesehen.« Ich hatte nur einen simplen Wunsch: Wie bringe ich ihn dazu, daß er mich nirgends hinführt? Aber er hatte beschlossen, sich mir nützlich zu erweisen, und die Entschlossenheit eines dummen Menschen ist unerschütterlich. Als ich sah, daß er nicht locker ließ, versuchte ich es mit einer List. Ich fragte nach der Berrima, dem Palast des Sultans. Da sei ich noch nicht gewesen, sagte ich, aber ich wußte wohl, daß man nicht hinein durfte.

»La Berrima?« wiederholte er erfreut. »Meine Tante wohnt dort. Soll ich Sie hinführen?«

Nun konnte ich nicht mehr nein sagen. Ich begriff zwar nicht, was seine Tante im Palast des Sultans zu suchen hatte. War sie da vielleicht Pförtnerin? Wäscherin? Köchin? Es reizte mich, auf diese Weise ins Schloß zu gelangen. Vielleicht konnte ich Freundschaft mit der Tante schließen und so einiges über das Leben dort erfahren.

Auf dem Wege in die Berrima kamen wir auf den Glaoui zu sprechen, den Pascha von Marrakesch. Wenige Tage zuvor war in der Moschee des Quartiers ein Attentat auf den neuen Sultan von Marokko verübt worden. Der Gottesdienst war die einzige Gelegenheit für den Attentäter, in leibliche Nähe des Königs zu gelangen. Dieser neue Sultan war ein alter Mann. Er war der Onkel des früheren, den die Franzosen abgesetzt und aus Marokko verbannt hatten. Als Werkzeug der Franzosen wurde der Onkel-Sultan von der Freiheitspartei mit allen Mitteln bekämpft. Unter den Einheimischen im ganzen Land hatte er nur eine starke Stütze, das war El Glaoui, der Pascha von Marrakesch, den man schon seit zwei Generationen als den verläßlichsten Verbündeten der Franzosen kannte. Der Glaoui hatte den neuen Sultan in die Moschee begleitet und den Attentäter auf der Stelle niedergeschossen. Der Sultan selbst war nur leicht verletzt.

Knapp vor diesem Ereignis war ich mit einem Freund in jenem Teil der Stadt spazierengegangen. Wir waren durch Zufall vor diese Moschee geraten und hatten uns die Menschenmengen angesehen, die auf die Ankunft des Sultans warteten. Die Polizei war in größter Aufregung, da es schon eine Reihe von Anschlägen gegeben hatte, und traf ihre Anstalten ungeschickt und laut. Auch wir wurden unfreundlich weggewiesen, aber mit Wut und Geschrei ging man gegen die Einheimischen vor, als sie sich genau dort aufstellten, wo man es ihnen erlaubt hatte. Unter diesen Umständen verspürten wir wenig Lust, die Ankunft des Sultans abzuwarten und gingen wieder unserer Wege. Eine halbe Stunde später geschah das Attentat und die Nachricht davon verbreitete sich mit Windeseile durch die Stadt. – Nun ging ich mit meinem neuen Begleiter wieder durch dieselben Gassen wie damals; und das war es, was das Gespräch auf den Glaoui brachte.

»Der Pascha haßt die Araber«, sagte Élie. »Er liebt die Juden. Er ist der Freund der Juden. Er erlaubt nicht, daß den Juden etwas geschieht.«

Er sprach mehr und rascher als sonst, und es klang sehr merkwürdig, als hätte er es aus einem alten Geschichtsbuch auswendig gelernt. Die Mellah selbst hatte nicht so mittelalterlich auf mich gewirkt wie diese Worte über den Glaoui. Ich betrachtete verstohlen sein Gesicht, als er dieselben Worte wiederholte. »Die Araber sind seine Feinde. Er hat Juden bei sich. Er spricht mit Juden. Er ist der Freund der Juden.« Er zog den Titel ›Pascha‹, der die Würde bezeichnete, dem Familiennamen ›Glaoui‹ vor. Wann immer ich ›Glaoui‹ sagte, erwiderte er mit ›Pascha‹. Es klang in seinem Mund wie das Wort ›Kommandant‹, mit dem er mich vor kurzem zur Raserei getrieben hatte.

Doch sein höchstes und hoffnungsvollstes Wort blieb nach wie vor, dem Glaoui zum Trotz, ›Amerikaner‹.

Wir waren indessen durch ein kleines Tor in ein Viertel geraten, das außerhalb der Stadtmauer lag. Die Häuser bestanden aus einem einzigen Geschoß und wirkten sehr ärmlich. Auf den kleinen, holprigen Gassen traf man kaum einen Menschen, hie und da sah man ein paar spielende Kinder. Ich fragte mich, wie wir hier zum Palast gelangen würden, als er vor einem der unscheinbarsten Häuser stehenblieb und sagte: »Hier ist meine Tante.«

»Wohnt sie nicht in der Berrima?«

»Das ist die Berrima«, sagte er, »das ganze Viertel heißt Berrima.«

»Und hier können Juden auch wohnen?«

»Ja«, sagte er, »der Pascha hat es erlaubt.«

»Gibt es hier viele?«

»Nein, die meisten Leute hier sind Araber. Aber einige Juden wohnen auch hier. Wollen Sie nicht die Bekanntschaft meiner Tante machen? Meine Großmutter wohnt auch hier.«

Ich war sehr froh, wieder ein Haus von innen sehen zu können und pries mich glücklich, daß es ein so einfaches und unscheinbares Haus war. Ich war zufrieden mit dem Tausch; und hätte ich ihn gleich verstanden, ich hätte mich mehr darauf gefreut als auf einen Besuch im Palast des Sultans.

Er klopfte und wir warteten ein wenig. Eine junge, kräftige Frau erschien, mit offenen, freundlichen Zügen. Sie führte uns weiter, war aber ein wenig verlegen, da alle Zimmer eben ausgemalt wurden und sie uns nirgends so empfangen konnte, wie es sich gebührte. Wir standen im winzigen Hof, auf den drei kleine Zimmer gingen. Élies

Großmutter war da, die gar nicht alt wirkte. Sie empfing uns lächelnd, aber es schien mir, als wäre sie auf ihn nicht besonders stolz.

Drei kleine Kinder trieben sich im Hof herum und schrien aus Leibeskräften. Sie waren winzig und wollten auf den Arm genommen werden; der Lärm der beiden Kleinsten war ohrenbetäubend. Élie redete auf seine junge Tante ein, er sprach erstaunlich viel. Sein Arabisch bekam eine gewisse Heftigkeit, die ich ihm gar nicht zugetraut hätte, aber vielleicht lag das mehr an der Natur der Sprache.

Die Tante gefiel mir. Sie war ein üppiges, junges Weib, das mich verwundert und gar nicht kriecherisch betrachtete. Sie erinnerte auf den ersten Blick an orientalische Frauen, wie sie Delacroix gemalt hat. Sie hatte dieselbe längliche und doch volle Form des Gesichts, denselben Schnitt der Augen, dieselbe gerade und etwas zu lange Nase. Im kleinen Hof stand ich ganz dicht bei ihr, unsere Blicke trafen sich in natürlichem Gefallen. Ich war so betroffen, daß ich die Augen senkte; aber da sah ich ihre starken Fesseln, sie waren so anziehend wie ihr Gesicht. Ich hätte mich gern neben sie gesetzt. Sie schwieg, während Élie noch immer auf sie einsprach und die Kinder lauter und lauter schrien. Ihre Mutter war nicht weiter von mir entfernt als sie selbst. Sicher spürt sie etwas, dachte ich mir, es war mir peinlich. Die wenigen Möbel waren im Hof aufeinandergetürmt, die Zimmer, in die man hineinsah, standen leer; man hätte sich nirgends hinsetzen können. Die Wände waren frisch getüncht, als wäre man eben eingezogen. Die junge Frau roch sauber wie ihre Wände. Ich versuchte mir ihren Mann vorzustellen und beneidete ihn. Ich verbeugte mich, gab ihrer Mutter und ihr die Hand und wandte mich zum Gehen.

Élie kam mit mir. Auf der Gasse draußen sagte er: »Es tut ihr leid, daß sie beim Reinigen sind.« Ich konnte nicht an mich halten und sagte: »Ihre Tante ist eine schöne Frau.« Ich mußte es jemand sagen und vielleicht hoffte ich auch gegen alle Vernunft, daß er erwidern werde: »Sie wünscht Sie wiederzusehen.« Aber er verstummte.

Er nahm so wenig Notiz von meiner unerklärlichen Neigung, daß er vorschlug, mich jetzt zu einem Onkel zu führen. Ich ergab mich drein, ein wenig beschämt, weil ich mich verraten hatte; vielleicht hatte ich gegen die Sitte gehandelt. Ein häßlicher oder langweiliger Onkel würde die schöne Tante aufwiegen.

Auf dem Wege erklärte er mir die komplizierten Familienverhältnisse. Sie waren eigentlich mehr reichhaltig als kompliziert, es gab Angehörige von ihm in den verschiedensten Städten Marokkos. Ich brachte die Sprache auf seine Schwägerin, die ich tags zuvor gesehen hatte und erkundigte mich nach ihrem Vater in Mazagan. »C'est un pauvre«, sagte er, »ein Armer.« Er war, wie man sich erinnern wird, der Mann, der Samuel hieß. Er verdiente nichts. Seine Frau arbeitete für ihn, sie allein hatte die Familie erhalten. Ob es in Marrakesch viele arme Juden gäbe? »250«, sagte er, »die Gemeinde gibt ihnen zu essen.« Unter Armen verstand er Leute, die bettelarm waren, und er sonderte sich sehr deutlich von dieser Klasse ab.

Der Onkel, zu dem wir nun gingen, hatte eine kleine Bude außerhalb der Mellah, in der er Seidenstoffe verkaufte. Er war ein magerer, kleiner Mann, bleich und traurig, der wenig Worte machte. Seine Bude war einsam, niemand näherte sich ihr, solange ich davor stand. Es sah aus, als machten alle Passanten einen Bogen um sie. Auf meine Fragen antwortete er in korrektem, aber etwas einsilbigem

Französisch. Das Geschäft ging sehr schlecht. Niemand kaufte etwas. Man hatte kein Geld. Fremde kamen nicht wegen der Attentate. Er war ein leiser Mann und Attentate waren ihm zu laut. Seine Klage war weder scharf noch heftig: Er gehörte zu den Leuten, die immer daran denken, daß fremde Ohren sie hören könnten, und seine Stimme war so gedämpft, daß ich ihn fast nicht verstand.

Wir verließen ihn, als wären wir gar nicht dort gewesen. Ich hatte Lust, Élie zu fragen, wie dieser Onkel sich bei der Hochzeit aufgeführt hatte. Schließlich waren es erst zwei Tage her, daß die Familie ihr großes Fest gefeiert hatte. Aber ich unterdrückte diese etwas boshafte Äußerung, die er ohnehin nicht verstanden hätte, und sagte, daß ich nun zurück nach Hause müsse. Er begleitete mich bis zum Hotel. Auf dem Wege zeigte er mir noch den Uhrenladen, in dem sein Bruder arbeitete. Ich warf von außen einen Blick hinein und sah ihn ernst über einen Tisch gebeugt, wie er durch eine Lupe die Teilchen einer Uhr betrachtete. Ich wollte ihn nicht stören und ging unbemerkt weiter.

Vor dem Hotel blieb ich stehen, um mich von Élie zu verabschieden. Seine Freigebigkeit mit seinen Verwandten hatte ihm wieder Mut gemacht und er kam auf den Brief zu sprechen. »Ich bringe Ihnen den Namen des Kommandanten«, sagte er, »morgen.« »Ja, ja«, sagte ich, ging rasch hinein und freute mich auf morgen.

Von nun an erschien er täglich. Wenn ich nicht da war, ging er um den Häuserblock herum und kam wieder. Wenn ich noch immer nicht da war, stellte er sich an der Straßenecke gegenüber dem Hoteleingang auf und wartete geduldig. An kühneren Tagen nahm er in der Halle des Hotels Platz. Aber er blieb da nie länger als ein paar Minuten sitzen. Er hatte Scheu vor dem arabischen Personal des Hotels, das ihn mit Geringschätzung behandelte, vielleicht erkannten sie ihn als Juden.

Er kam mit dem Namen des Kommandanten. Aber er brachte auch alle Dokumente, die er je in seinem Leben besessen hatte. Er brachte sie nicht auf einmal. Jeden Tag kamen ein oder zwei neue dazu, auf die er sich in der Zwischenzeit besonnen hatte. Er schien der Meinung zu sein, daß ich die gewünschte Order an den Kommandanten von Ben Guérir sehr wohl verfassen könne, wenn ich nur wolle; und über ihre Wirkung, sobald sie einmal verfaßt wäre, hegte er nicht den leisesten Zweifel. Papiere hatten etwas Unwiderstehliches, sobald ein fremder Name darunter stand. Er brachte mir Zeugnisse über jede Stellung, in der er gewesen war; er hatte wirklich für kurze Zeit als ›plongeur‹ bei den Amerikanern gearbeitet. Er brachte mir Zeugnisse seines jüngeren Bruders Simon. Er kam nie, ohne ein Papier aus der Tasche zu ziehen und mir vor die Augen zu halten. Er pflegte die Wirkung der Lektüre ein wenig abzuwarten und schlug dann Änderungen in dem Text des Briefes vor, den ich dem Kommandanten schreiben sollte.

Ich hatte inzwischen die ganze Affäre mit meinem amerikanischen Freunde auf das genaueste besprochen. Er machte sich erbötig, Élie Dahan an seine Landsleute zu empfehlen, doch erhoffte er sich für den jungen Mann nichts davon. Er kannte weder den Kommandanten noch sonst einen Menschen, der auf das Vergeben von Stellen Einfluß hatte. Aber wir wollten beide Élie der Hoffnung nicht rauben und so wurde der Brief geschrieben.

Ich war erleichtert, als ich ihn mit dieser Nachricht empfangen und zur Abwechslung selber in die Tasche langen und ein Papier hervorziehen konnte.

»Lesen Sie!« sagte er mißtrauisch und etwas schroff.

Ich las den englischen Text von Anfang zu Ende vor, und obwohl ich wußte, daß er kein Wort davon verstand, las ich so langsam wie möglich.

»Übersetzen Sie!« sagte er und verzog keine Miene.

Ich übersetzte und gab meinen französischen Worten eine nachdrückliche und feierliche Note. Ich händigte ihm den Brief ein. Er suchte nach etwas und prüfte dann die Unterschrift. Die Tinte war nicht sehr dunkel und er schüttelte den Kopf.

»Das kann der Kommandant nicht lesen«, sagte er und gab mir den Brief zurück. Ohne die leiseste Scheu fügte er hinzu: »Schreiben Sie mir drei Briefe. Wenn der Kommandant den Brief nicht zurückgibt, schicke ich den zweiten an ein anderes Lager.«

»Wozu brauchen Sie den dritten Brief?« frage ich, um meine Verblüffung über seine Frechheit zu verbergen.

»Für mich«, sagte er stolz.

Ich begriff, daß er ihn seiner Dokumentensammlung einverleiben wollte, und der Gedanke, daß dieser dritte Brief für ihn der wichtigste war, schien unabweisbar.

»Schreiben Sie *Ihre* Adresse«, fügte er hinzu. Das Hotel war nirgends erwähnt, danach also hatte er gesucht.

»Das hat aber keinen Sinn«, sagte ich. »Wir fahren bald weg. Wenn man den Brief beantworten sollte, braucht man Ihre Adresse!«

»Schreiben Sie Ihre Adresse!« antwortete er unerschüttert, mein Einwand machte ihm nicht den geringsten Eindruck.

»Das können wir trotzdem tun«, sagte ich. »Aber Ihre Adresse muß eben auch drauf stehen, sonst ist das Ganze sinnlos.«

»Nein«, sagte er, »schreiben Sie das Hotel!«

»Aber was wird geschehen, wenn man Ihnen wirklich die Stelle geben möchte? Wie wird man Sie finden? Wir fahren nächste Woche weg und so rasch kommt die Antwort bestimmt nicht.«

»Schreiben Sie das Hotel!«

»Ich werde es meinem Freund sagen. Hoffentlich ärgert er sich nicht, daß er den Brief nochmals schreiben muß.« Ich konnte es mir nicht versagen, ihn für seinen Eigensinn zu strafen.

»Drei Briefe«, war seine Antwort. »Schreiben Sie das Hotel auf alle drei Briefe.«

Ich entließ ihn verärgert und dachte mir, wenn ich ihn nur nicht wiedersehen müßte.

Am nächsten Tage kam er mit einer besonders feierlichen Miene und fragte mich:

»Wollen Sie die Bekanntschaft meines Vaters machen?«

»Wo ist er denn?« fragte ich.

»Im Geschäft. Er hat mit meinem Onkel zusammen ein Geschäft. Zwei Minuten von hier.«

Ich willigte ein und wir gingen hin. Es lag an der modernen Straße, die von meinem Hotel zum Bab Agenaou führte. Ich war diesen Weg sehr oft gegangen, mehrmals am Tag, und hatte in die Läden zur Linken und zur Rechten manchen Blick getan. Unter den Inhabern dieser Läden gab es viele Juden, ihre Gesichter waren mir bereits vertraut. Ich fragte mich, ob einer von ihnen sein Vater sei, und ließ sie im Geiste Revue passieren. Welcher konnte es sein?

Aber ich hatte die Zahl und Mannigfaltigkeit dieser Läden unterschätzt, denn kaum war ich von der Straße her eingetreten, begann ich mich zu wundern, daß ich dieses sonderbare Geschäft überhaupt noch nie bemerkt hatte. Es war vollgeräumt mit Zucker in jeder Form, sei es als Zukkerhüte, sei es in Säcken. In jeder Höhe, auf allen Regalen ringsum war nichts als Zucker. Ich hatte noch nie ein Geschäft gesehen, in dem man nichts als Zucker verkaufte und fand diese Tatsache, Gott weiß warum, sehr belustigend. Der Vater war nicht da, wohl aber der Onkel und ich wurde mit ihm bekannt gemacht. Er war ein unangenehmes, schmächtiges Männlein mit verkniffenem Gesicht, dem ich nicht über den Weg getraut hätte. Er war europäisch gekleidet, aber sein Anzug sah schmutzig aus und man konnte erkennen, daß dieser Schmutz aus einer ungewöhnlichen Mischung von Straßenstaub und Zucker bestand.

Der Vater war nicht weit weg, man schickte nach ihm. Indessen wurde, wie es hier Sitte ist, Pfefferminz-Tee für mich gerichtet. Aber angesichts der überwältigenden Süßkraft des Lokals bereitete mir die Vorstellung, daß ich ihn trinken müsse, leichte Übelkeit. Élie erklärte auf arabisch, daß ich aus London sei. Ein Herr mit einem europäischen Straßenhut auf dem Kopf, den ich für einen Käufer gehalten hatte, trat zwei Schritte auf mich zu und sagte auf englisch: »Ich bin britisch.« Er war ein Jude aus Gibraltar und sprach sein Englisch gar nicht schlecht. Er erkundigte sich nach meinen Geschäften und da ich nichts zu sagen hatte, wiederholte ich die alte Geschichte über den Film.

Wir unterhielten uns ein wenig und ich sippte den Tee, da kam der Vater. Er war ein stattlicher Mann mit einem schönen, weißen Bart. Er trug Käppchen und Gewand nach Art der marokkanischen Juden. Er hatte einen großen, runden Kopf mit einer breiten Stirn, aber was mir am meisten auffiel, waren seine lachenden Augen. Élie stellte sich neben ihn und sagte mit einer beschwörenden Armbewegung:

»Je vous présente mon père.«

Er hatte noch nie etwas mit so viel Ernst und Überzeugung gesagt. ›Père‹ klang in seinem Mund geradezu erhaben und nie hätte ich gedacht, daß ein so dummer Mensch es zu solcher Erhabenheit bringen könne. ›Père‹, klang nach bedeutend mehr als ›Amerikaner‹ und ich war froh, daß vom Kommandanten nicht viel mehr übrig blieb.

Ich schüttelte die Hand des Mannes und blickte in sein lachendes Aug. Er fragte den Sohn auf arabisch nach meiner Herkunft und meinem Namen. Da er kein Wort Französisch sprach, stellte sich der Sohn zwischen uns beiden auf und wurde, ganz gegen seine Art beinahe eifrig, zu unserem Dolmetsch. Er erklärte, woher ich käme und daß ich ein Jude sei, er nannte meinen Namen. So wie er ihn sagte, mit seiner stumpfen, kaum artikulierenden Stimme, klang er nach nichts.

»E-li-as Ca-ne-ti?« wiederholte der Vater fragend und schwebend. Er sagte den Namen ein paarmal vor sich hin, wobei er die Silben deutlich voneinander abhob. In seinem Munde wurde der Name gewichtiger und schöner. Er sah mich dabei nicht an, sondern blickte vor sich hin, als wäre der Name wirklicher als ich, und als wäre er es wert, daß man ihn erkunde. Ich hörte erstaunt und betroffen zu. In seinem Singsang kam mir mein Name so vor, als gehöre er in eine besondere Sprache, die ich gar nicht kannte. Er wog ihn großherzig vier- oder fünfmal; mir war, als höre ich das Klingen von Gewichten. Ich fühlte keine Sorge, er war kein Richter. Ich wußte, er würde Sinn und Schwere meines Namens finden; und als es soweit war, blickte er auf und lachte mir wieder in die Augen.

Er stand nun da, als wolle er sagen: der Name ist gut, aber es gab keine Sprache, in der er es mir sagen konnte. Ich las es von seinem Gesicht und spürte eine unbändige Liebe für ihn. Nie hätte ich es gewagt, ihn mir so vorzustellen, wie er war. Sein stupider Sohn, sein verkniffener Bruder waren beide aus einer anderen Welt, und nur der Uhrmacher hatte etwas von seiner Haltung geerbt, aber der war nicht anwesend, unter all dem Zucker wäre für niemand mehr Raum gewesen. Élie wartete auf ein Wort von mir, zum Übersetzen, ich brachte keines hervor. Ich blieb ganz und gar stumm, aus Ehrfurcht, aber vielleicht auch, um den wunderbaren Bann des Namen-Singsangs nicht zu brechen. So standen wir uns einige lange Augenblicke gegenüber. Wenn er es nur versteht, warum ich nichts sagen kann, dachte ich, wenn meine Augen nur lachen könnten wie die seinen. Es wäre entwürdigend gewesen, diesem Dolmetsch noch etwas anzuvertrauen, *kein* Dolmetsch war mir für ihn gut genug.

Er wartete geduldig, während ich beharrlich schwieg. Schließlich huschte etwas wie leiser Unmut über seine Stirne und er sagte einen arabischen Satz zu seinem Sohn, der ein wenig zögerte, bevor er ihn mir übersetzte.

»Mein Vater bittet Sie, ihn zu entschuldigen, da er sich jetzt zurückziehen möchte.«

Ich nickte und er gab mir die Hand. Er lächelte und sah dabei aus, als habe er nun etwas zu tun, was er nicht gern tue; sicher war es ein Geschäft. Dann wandte er sein Gesicht von mir ab und verließ den Laden.

Ich wartete ein paar Augenblicke und begab mich dann mit Élie auf die Straße. Ich sagte ihm, wie gut mir sein Vater gefallen habe. »Er ist ein großer Gelehrter«, erwiderte er voll Ehrfurcht und streckte die Finger der linken Hand in die Höhe, wo sie ausdrucksvoll schweben blieben. »Er *liest* die ganze Nacht.« –

Von diesem Tage an hatte Élie mit mir gewonnenes Spiel. Ich erfüllte alle seine lästigen kleinen Wünsche mit Eifer, weil er der Sohn dieses herrlichen Mannes war. Er tat mir ein wenig leid, weil er sich nicht mehr gewünscht hatte, denn es gab nun nichts, was ich ihm nicht gewährt hätte. Er bekam *drei* englische Briefe, in denen sein Eifer, seine Verläßlichkeit und Ehrlichkeit, ja seine Unentbehrlichkeit, wenn er einmal für einen arbeite, bis in den Himmel hinauf gelobt wurden. Sein jüngerer Bruder Simon, den ich gar nicht kannte, war auf anderem Gebiete nicht weniger tüchtig. Die Adresse der beiden Brüder in der Mellah war ausgelassen.

Auf dem Kopfe der Briefe prangte der Name unseres Hotels. Alle drei aber waren in schwarzer und wahrscheinlich ewiger Tinte von meinem amerikanischen Freunde unterschrieben. Um noch ein übriges zu tun, hatte er seine Heimatadresse in den Staaten und die Nummer seines Passes hinzugefügt. Als ich diesen Teil der Briefe Élie erklärte, wurde er beinahe mißtrauisch vor Glück.

Er überbrachte mir eine Einladung seines Vaters zu Purim: ich möge das Fest bei ihnen zu Hause im Kreise der Familie feiern. Ich lehnte mit herzlichstem Danke ab. Ich stellte mir die Enttäuschung seines Vaters über meine Unkenntnis der alten Gebräuche vor. Ich hätte das meiste falsch gemacht und Gebete hätte ich nur sagen können wie ein Mensch, der nie betet. Ich schämte mich vor dem alten Manne, den ich liebte und ich wollte ihm diesen Kummer mit mir ersparen. Ich schützte Arbeit vor und brachte es über mich, die Einladung auszuschlagen und ihn nie wiederzusehen. Es genügt mir, daß ich ihn einmal gesehen habe.

Erzähler und Schreiber

Am meisten Zulauf haben die Erzähler. Um sie bilden sich die dichtesten und auch die beständigsten Kreise von Menschen. Ihre Darbietungen dauern lange, in einem inneren Ringe hocken sich die Zuhörer auf dem Boden nieder und sie erheben sich nicht so bald wieder. Andere bilden stehend einen äußeren Ring; auch sie bewegen sich kaum, sie hängen fasziniert an Worten und Gesten des Erzählers. Manchmal sind es zwei, die abwechselnd rezitieren. Ihre Worte kommen von weiter her und bleiben länger in der Luft hängen als die gewöhnlicher Menschen. Ich verstand nichts und doch blieb ich in ihrer Hörweite immer gleich gebannt stehen. Es waren Worte ohne jede Bedeutung für mich, mit Wucht und Feuer hervorgestoßen: Sie waren dem Manne kostbar, der sie sagte, er war stolz auf sie. Er ordnete sie nach einem Rhythmus an, der mir immer sehr persönlich schien. Wenn er stockte, kam dann das Folgende um so kraftvoller und gehobener hervor. Ich konnte die Feierlichkeit mancher Worte spüren und die heimtückische Absicht anderer. Von Schmeicheleien war ich angetan, als hätten sie mir selbst gegolten; ich fürchtete mich in Gefahren. Alles war gebändigt, die mächtigsten Worte flogen genau so weit, wie der Erzähler wollte. Die Luft über den Zuhörern war voller Bewegung; und einer, der so wenig verstand wie ich, fühlte das Leben zu Häupten der Hörer.

Ihren Worten zu Ehren waren die Erzähler auf eine auffallende Weise gekleidet. Ihre Tracht unterschied sich immer von jener der Hörer. Sie zogen prächtigere Stoffe vor;

einer oder der andere trat in blauem oder braunem Samte auf. Sie wirkten wie hohe, aber märchenhafte Persönlichkeiten. Für die Menschen, von denen sie umgeben waren, hatten sie selten einen Blick. Sie blickten auf ihre Helden und Figuren. Wenn ihr Auge auf jemand fiel, der ganz gewöhnlich da war, mußte dieser sich dunkel wie jemand anderer vorkommen. Fremde waren für sie überhaupt nicht da, sie gehörten nicht in das Reich ihrer Worte. Anfangs wollte ich gar nicht glauben, daß ich sie so wenig interessiere, es war zu ungewohnt, um wahr zu sein. So blieb ich denn besonders lange stehen, als es mich schon zu anderen Lauten dieses an Lauten überreichen Platzes hinzog, aber man beachtete mich auch dann nicht, als ich mich in der großen Runde schon beinah heimisch zu fühlen begann. Der Erzähler hatte mich natürlich bemerkt, aber für ihn blieb ich ein Fremder in seinem Zauberkreise, denn ich verstand ihn nicht.

Oft hätte ich viel darum gegeben zu verstehen, und ich hoffe, der Tag wird kommen, da ich diese fahrenden Erzähler so würdigen kann, wie es ihnen gebührt. Aber ich war auch froh, daß ich sie nicht verstand. Sie blieben für mich eine Enklave alten und unberührten Lebens. Ihre Sprache war ihnen so wichtig wie mir meine. Worte waren ihre Nahrung und sie ließen sich von niemand dazu verführen, sie gegen eine bessere Nahrung zu vertauschen. Ich war stolz auf die Macht des Erzählens, die sie über ihre Sprachgenossen ausübten. Sie erschienen wie ältere und bessere Brüder von mir. In glücklichen Augenblicken sagte ich mir: Auch ich kann Menschen um mich versammeln, denen ich erzähle; auch mir hören sie zu. Aber statt von Ort zu Ort zu ziehen, nie wissend, wen ich finden, wessen Ohren sich mir öffnen werden, statt im reinen Vertrauen auf meine Erzählung selbst zu leben, habe ich mich dem Papier verschrieben. Im Schutz von Tischen und Türen lebe ich nun, ein feiger Träumer, und sie im Gewühl des Marktes, unter hundert fremden Gesichtern, täglich wechselnd, von keinem kalten und überflüssigen Wissen belastet, ohne Bücher, Ehrgeiz und hohles Ansehen. Unter den Menschen unserer Zonen, die der Literatur leben, habe ich mich selten wohl gefühlt. Ich habe sie verachtet, weil ich etwas an mir selbst verachte, ich glaube, dieses Etwas ist das Papier. Hier fand ich mich plötzlich unter Dichtern, zu denen ich aufsehen konnte, weil es nie ein Wort von ihnen zu *lesen* gab.

Aber in der nächsten Nähe, auf demselben Platze, mußte ich erkennen, wie sehr ich mich am Papier versündigt hatte. Wenige Schritte von den Erzählern hatten die Schreiber ihren Ort. Es war sehr still bei ihnen, der stillste Teil der Djema el Fna. Die Schreiber priesen ihr Können nicht an. Sie saßen ruhig da, kleine, schmächtige Männer, ihr Schreibzeug vor sich, und nie gaben sie einem das Gefühl, daß sie auf Kunden warteten. Wenn sie aufblickten, betrachteten sie einen ohne besondere Neugier und wandten den Blick bald wieder weg. Ihre Bänke waren in einiger Entfernung voneinander aufgestellt, so daß man von einem zum anderen nicht hören konnte. Die Bescheideneren oder vielleicht auch die mehr Altertümlichen unter ihnen kauerten auf dem Boden. Hier überlegten oder schrieben sie in einer diskreten Welt, vom tosenden Lärm des Platzes umgeben und doch abgeschnitten. Es war, als konsultierte man sie über geheime Beschwerden, und da es öffentlich geschah, hatten sie sich alle etwas Verschwindendes angewöhnt. Sie selber waren kaum da, es zählte hier nur eines: die stille Würde des Papiers.

Es kamen einzelne Männer zu ihnen oder Paare. Einmal sah ich zwei verschleierte junge Frauen auf der Bank vor dem Schreiber sitzen und fast unmerklich die Lippen bewegen, während er nickte und fast ebenso unmerklich schrieb. Ein andermal bemerkte ich eine ganze, überaus stolze und ansehnliche Familie. Sie bestand aus vier Menschen, die sich auf zwei kleinen Bänken, in rechtem Winkel um den Schreiber, niedergelassen hatten. Der Vater war ein alter, starker, wunderbar schön gewachsener Berber, auf dessen Gesicht alle Zeichen der Erfahrung und der Weisheit zu lesen waren. Ich versuchte, mir eine Lage des Lebens auszumalen, der er nicht gewachsen wäre, und konnte keine finden. Hier war er, in seiner einzigen Hilflosigkeit, neben ihm seine Frau, ebenso eindrucksvoll in ihrer Haltung, denn von ihrem verschleierten Gesicht blieben nur die enormen, tiefdunklen Augen frei, und auf der Bank daneben zwei junge, ebenfalls verschleierte Töchter. Alle saßen gerade und sehr feierlich.

Der Schreiber, der viel kleiner war, nahm ihren Respekt entgegen. Seine Züge verrieten eine feine Aufmerksamkeit und diese war so spürbar wie das Gedeihen und die Schönheit der Familie. Ich sah ihnen aus geringer Entfernung zu, ohne einen Laut zu vernehmen, ohne eine Bewegung zu gewahren. Der Schreiber hatte mit seiner eigentlichen Tätigkeit noch nicht begonnen. Er hatte sich wohl vortragen lassen, worum es ging, und überlegte nun, wie es sich am besten in Worte der geschriebenen Sprache fassen ließe. Die Gruppe wirkte so geschlossen, als hätten sich alle Beteiligten schon immer gekannt und säßen seit jeher in derselben Stellung da.

Ich fragte mich gar nicht, warum sie alle gekommen waren, so sehr gehörten sie zusammen, und erst viel später, als ich mich nicht mehr auf dem Platze befand, begann ich darüber nachzudenken. Was wirklich konnte es sein, das die Anwesenheit einer ganzen Familie vor dem Schreiber erforderlich machte?

Die Brotwahl

Abends, wenn es schon dunkel war, ging ich zu jenem Teil
der Djema el Fna, wo die Frauen Brote verkauften. In
einer langen Reihe hockten sie am Boden, das Gesicht so
sehr verschleiert, daß man nur die Augen sah. Jede hatte
einen Korb vor sich, der mit einem Tuch bedeckt war und
darauf lagen einige der flachen, runden Brote, zum Verkauf ausgestellt. Ich ging ganz langsam an der Reihe vorbei und betrachtete die Frauen und die Brote. Es waren
meist reife Frauen und ihre Formen hatten etwas von den
Broten. Ihr Duft stieg mir in die Nase und zugleich empfing ich den Blick aus den dunklen Augen. Keine Frau
übersah mich, für jede war ich ein Fremder, der Brot kaufen kam, aber ich hütete mich wohl, es zu tun, weil ich
die Reihe bis ans Ende gehen wollte und einen Vorwand
dazu brauchte.
Manchmal saß eine junge Frau dazwischen; die Brote
wirkten zu rund für sie, als hätte sie sie gar nicht gemacht,
und ihre Blicke waren anders. Keine, ob jung, ob alt, war
lange müßig. Denn von Zeit zu Zeit nahm jede einen Laib
Brot mit der Rechten auf, warf ihn leicht in die Höhe, fing
ihn wieder auf, schwankte ein wenig mit der Hand, als ob
sie ihn wöge, tätschelte ihn ein paarmal, daß man es hörte,
und legte ihn dann nach diesen Liebkosungen wieder auf
die übrigen Brote zurück. Der Laib selbst, seine Frische,
seine Schwere, sein Duft, boten sich so zum Kaufe an. Es
war etwas Nacktes und Lockendes an diesen Broten, die
tätigen Hände der Frauen, von denen nichts außer den
Augen unbedeckt war, teilten es ihnen mit. »Das kann ich

dir von mir geben, nimm es in deine Hand, es war in meiner.«

Männer gingen daran vorbei, mit kühnen Blicken, und
wenn einer an etwas Gefallen fand, blieb er stehen und
nahm einen Laib in seine Rechte entgegen. Er warf ihn
leicht in die Höhe, fing ihn wieder auf, schwankte ein
wenig mit der Hand, als wäre dies eine Waagschale,
tätschelte ein paarmal den Laib, daß man es hörte, und
legte ihn, wenn er ihn zu leicht befand oder aus einem
anderen Grunde nicht mochte, zu den übrigen zurück.
Aber manchmal behielt er ihn, und man spürte den Stolz
des Laibes und wie er einen besonderen Duft verbreitete.
Der Mann griff mit der Linken unter seinen Überwurf
und holte eine ganz kleine Münze hervor, kaum sichtbar
neben der großen Form des Brotes und warf sie der Frau
hin. Dann verschwand der Laib unter seinem Überwurf –
es war nicht mehr zu merken, wo er war –, und der Mann
ging.

Die Verleumdung

Am liebsten stellten sich die Bettelkinder in der Nähe des Restaurants ›Kutubiya‹ auf. Hier nahmen wir alle, mittags wie abends, unsere Mahlzeiten ein und sie wußten, daß wir ihnen so nicht entgehen würden. Für das Restaurant, das auf seinen guten Ruf hielt, waren diese Kinder kein erwünschter Schmuck. Wenn sie der Tür zu nahe kamen, wurden sie vom Inhaber verjagt. Es war für sie günstiger, sich an der Ecke gegenüber aufzustellen und uns, die wir gewöhnlich in kleinen Gruppen von drei oder vier zum Essen kamen, rasch zu umringen, sobald sie unser ansichtig wurden.

Manche, die sich schon Monate in der Stadt aufhielten, waren des Gebens müde und trachteten die Kinder abzuschütteln. Andere zögerten, bevor sie ihnen etwas gaben, weil sie sich dieser ›Schwäche‹ vor ihren Bekannten schämten. Schließlich mußte man es einmal lernen, hier zu leben, und die ansässigen Franzosen gingen einem mit gutem oder schlechtem Beispiel, wie man es nimmt, voran: Sie griffen prinzipiell nie für einen Bettler in die Tasche und taten sich auf diese Dickhäutigkeit noch einiges zugute. Ich war noch frisch und sozusagen jung in der Stadt. Es war mir gleichgültig, was man von mir dachte. Mochte man mich für einen Schwachkopf halten, ich liebte die Kinder.

Wenn sie mich einmal versäumten, war ich unglücklich und suchte sie selber, ohne es sie merken zu lassen. Ich mochte ihre lebhaften Gesten, die kleinen Finger, mit denen sie in ihren Mund zeigten, wenn sie mit kläglichen

Mienen ›manger! manger!‹ winselten, die unsäglich traurigen Gesichter, die sie schnitten, so als ob sie wirklich vor Schwäche und Hunger am Zusammenbrechen wären. Ich mochte ihre tolle Ausgelassenheit, sobald sie etwas in Empfang genommen hatten, den lachenden Eifer, mit dem sie davonrannten, ihre armselige Beute in der Hand; den unglaublichen Wechsel in ihren Gesichtern, von Ersterbenden waren sie plötzlich zu Glückseligen geworden. Ich mochte ihre kleinen Schliche, mit denen sie mir Säuglinge entgegentrugen, deren winzige und beinahe fühllose Händchen sie mir hinstreckten, wozu sie ›für ihn auch, für ihn auch, manger! manger!‹ bettelten, um ihre Gabe zu verdoppeln. Es waren nicht wenige Kinder, ich trachtete gerecht zu sein, aber natürlich hatte ich meine Lieblinge unter ihnen, solche, deren Gesichter von einer Schönheit und Lebhaftigkeit waren, daß ich mich nie an ihnen sattsehen konnte. Sie folgten mir bis an die Türe des Restaurants, unter meinem Schutze fühlten sie sich sicher. Sie wußten, daß ich ihnen gut gesinnt war und es lockte sie, in die Nähe dieses märchenhaften Platzes zu gelangen, der ihnen verboten war und wo man so viel aß.

Der Inhaber, ein Franzose mit rundem Glatzkopf und Augen wie Fliegenpapier, der für seine Stammgäste warme, gute Blicke hatte, mochte diese Annäherung der Bettelkinder an sein Lokal nicht leiden. Ihre Lumpen nahmen sich nicht fein aus. Die gutangezogenen Gäste sollten in Behagen ihr teures Essen bestellen und dabei nicht immer an Hunger und Läuse erinnert werden. Wenn ich beim Eintreten die Türe öffnete und er, zufällig in der Nähe stehend, einen Blick auf die Schar der Kinder draußen warf, schüttelte er unmutig den Kopf. Aber da ich zu einer Gruppe von fünfzehn Engländern gehörte, die täglich zwei sichere Mahlzeiten bei ihm einnahmen, wagte er es nicht, mir etwas zu sagen, und wartete eine günstige Gelegenheit ab, da sich das mit Ironie und Fröhlichkeit erledigen ließe.

Eines Mittags, als es sehr stickig war, blieb die Türe des Restaurants offen, um etwas frische Luft einzulassen. Ich hatte mit zweien meiner Freunde den Überfall der Kinder absolviert und wir nahmen an einem freien Tische in der Nähe der offenen Türe Platz. Die Kinder blieben, da sie uns im Auge behalten konnten, ziemlich nahe vor der Türe draußen stehen. Da wollten sie ihre Freundschaft mit uns fortsetzen und vielleicht auch zusehen, was wir alles essen würden. Sie machten uns Zeichen und ganz besonderen Spaß fanden sie an unseren Schnurrbärten. Eine vielleicht Zehnjährige, die hübscheste von allen, die längst bemerkt hatte, daß ich sie gut leiden konnte, zeigte immer wieder auf die winzige Fläche zwischen ihrer Oberlippe und ihrer Nase und packte dort einen illusorischen Schnurrbart zwischen zwei Fingern, an dem sie heftig zupfte und zog. Dazu lachte sie herzlich und die anderen Kinder lachten mit.

Der Restaurateur kam an unseren Tisch, um unsere Bestellung entgegenzunehmen und sah die lachenden Kinder. Mit strahlender Miene sagte er zu mir: »Das spielt schon die kleinen Kokotten!« Ich war verletzt über diese Insinuation, vielleicht wollte ich ihm auch nicht glauben, weil ich meine Bettelkinder wirklich mochte, und fragte unschuldig: »Was, doch nicht in diesem Alter!«

»Haben Sie eine Ahnung«, sagte er, »um 50 Franken können Sie jede von ihnen haben. Da geht eine jede sofort mit Ihnen um die Ecke.«

Ich war sehr empört und widersprach ihm heftig. »Das gibt's nicht, das ist unmöglich.«

»Sie wissen nicht, wie es hier zugeht«, sagte er. »Sie müßten sich ein wenig das Nachtleben in Marrakesch ansehen. Ich lebe schon lange hier. Als ich zuerst herkam, das war während des Krieges, da war ich noch ein Junggeselle« – er warf einen flüchtigen, aber feierlichen Blick zu seiner ältlichen Frau hinüber, die wie immer an der Kasse saß –, »da war ich mit ein paar Freunden und wir haben uns das alles angesehen. Da wurden wir einmal in ein Haus geführt und kaum hatten wir uns gesetzt, da waren wir gleich von einer Menge nackter kleiner Mädchen umgeben. Die kauerten sich zu unseren Füßen und drückten sich von allen Seiten an uns, sie waren nicht größer als die draußen, manche kleiner.«

Ich schüttelte ungläubig den Kopf.

»Es gab nichts, was man nicht haben konnte. Wir haben's uns gut gehen lassen und unseren Spaß haben wir auch oft gehabt. Einmal haben wir uns einen großartigen Streich geleistet, das muß ich Ihnen erzählen. Wir waren zu Dritt, drei Freunde. Einer von uns ging zu einer Fatma in ihr Zimmer« – so nannten Franzosen verächtlich eingeborene Frauen –, »das war aber kein Kind, und wir zwei anderen sahen von außen durch ein Loch ins Zimmer hinein. Erst verhandelte er lange mit ihr, dann einigten sie sich über den Preis und er gab ihr das Geld. Sie steckte es in ein Nachttischchen, das neben dem Lager stand. Dann machte sie dunkel und die beiden legten sich zusammen hin. Wir hatten von außen alles mit angesehen. Sobald es dunkel war, schlich sich einer von uns in die Kammer hinein, ganz leise und kroch bis zum kleinen Nachttisch. Er steckte die Hand vorsichtig in die Lade, und während die beiden ihr Geschäft verrichteten, nahm er das Geld zurück. Dann kroch er rasch wieder heraus und wir rannten beide davon. Bald kam unser Freund nach. Er war so umsonst bei der

Fatma gewesen. Sie können sich vorstellen, wie wir lachten! Das war nur einer von unseren Streichen.«

Wir konnten es uns vorstellen, denn er lachte aus vollem Halse, er schüttelte sich vor Lachen und riß den Mund weit auf. Wir wußten gar nicht, daß er einen so großen Mund hatte, wir hatten ihn noch nie so gesehen. Er pflegte sonst mit einiger Würde in seinem Restaurant hin und her zu gehen und nahm die Speisen seiner bevorzugten Gäste mit Anstand und vollkommener Zurückhaltung auf, so als wäre es ihm ganz gleichgültig, was man bestelle. Die Ratschläge, die er gab, waren nie aufdringlich und klangen so, als würden sie allein dem Gast zuliebe gegeben. Heute hatte er jede Reserve verloren, er jubelte über seine Geschichte. Es muß eine herrliche Zeit für ihn gewesen sein; und er tat nur eines, was an sein sonstiges Gehaben erinnerte. Mitten in seiner Erzählung näherte sich ein kleiner Kellner unserem Tisch. Er schickte ihn barsch mit einem Auftrag weg, damit der nicht höre, was er uns erzähle.

Wir aber gefroren zu Angelsachsen. Meine beiden Freunde, von denen der eine ein Neuengländer, der andere ein Engländer war und ich, der ich seit fünfzehn Jahren unter ihnen lebte, hatten dasselbe Gefühl verächtlichen Ekels. Wir waren auch gerade unser drei, es ging uns zu gut, und vielleicht fühlten wir uns irgendwie schuldig für die andern drei, die mit vereinten Kräften eine armselige Eingeborene um ihren Lohn geprellt hatten. Er hatte es strahlend und stolz erzählt, er sah nur den Spaß darin, seine Begeisterung hielt an, als wir mit sauren Mienen lächelten und verlegen Beifall nickten.

Die Türe war noch immer offen, die Kinder standen draußen, erwartungsvoll und geduldig. Sie fühlten, daß sie während seiner Erzählung nicht verjagt werden würden.

Ich dachte daran, daß sie ihn nicht verstehen konnten. Er, der mit solcher Verachtung für sie begonnen hatte, hatte sich in kürzester Zeit selber verächtlich gemacht. Ob er sie verleumdete oder ob er die Wahrheit über sie sprach, was immer die Bettelkinder taten, er stand nun tief unter ihnen und ich wünschte mir, daß es doch eine Art der Strafe gäbe, wo er auf *ihre* Fürsprache angewiesen wäre.

Die Lust des Esels

Von meinen nächtlichen Spaziergängen durch die Gassen
der Stadt pflegte ich über die Djema el Fna zurückzukehren. Es war sonderbar, über den Platz zu gehen, der nun
beinahe leer dalag. Da gab es keine Akrobaten mehr und
keine Tänzer; keine Schlangenbeschwörer und keine Feuer-
esser. Ein Männchen hockte mutterseelenallein am Boden,
vor sich einen Korb mit ganz kleinen Eiern. Weit und breit
um ihn war nichts. Acetylenlampen brannten hie und da,
der Platz roch danach. In den Buden der Garköche saßen
noch vereinzelt Männer und löffelten ihre Suppen. Sie
wirkten einsam, als hätten sie nirgends hinzugehen. An
den Rändern des Platzes legten sich Menschen zum Schlaf
nieder. Manche lagen, die meisten kauerten, alle hatten die
Kapuzen ihres Mantels über den Kopf gezogen. Sie schliefen reglos, nie hätte man vermutet, daß unter den dunkeln
Kapuzenmänteln etwas atme.

Eines Nachts sah ich mitten auf dem Platze einen großen,
dichten Ring von Menschen, von Acetylenlampen auf das
Sonderbarste erleuchtet. Alle standen. Die dunkeln Schatten auf Gesichtern und Gestalten, dicht neben dem schar-
fen Licht, das die Lampen auf sie warfen, gaben ihnen etwas Grausames und Unheimliches. Ich hörte die Laute
zweier einheimischer Instrumente, und dazu die Stimme
eines Mannes, der heftig auf jemand einsprach. Als ich
näher trat und eine Lücke fand, durch die ich in den Ring
hineinsehen konnte, bemerkte ich in der Mitte einen ste-
henden Mann mit einem Stock in der Hand, der dringliche
Fragen an einen Esel stellte.

Der Esel war von allen armseligen Eseln dieser Stadt der ärmste. Die Knochen standen ihm heraus, er war ganz verhungert, sein Fell war abgeschabt, er war sicher nicht mehr fähig, die kleinste Last zu tragen. Man fragte sich, wie er sich noch auf den Beinen aufrecht hielt. Der Mann führte einen komischen Dialog mit ihm. Er suchte ihn zu etwas zu überreden. Als der Esel störrisch blieb, stellte er ihm Fragen; und da er nicht antworten wollte, lachten die erleuchteten Männer laut. Vielleicht war es eine Geschichte, in der ein Esel eine Rolle spielte. Denn nach einem langen Palaver begann das traurige Tier sich ganz langsam nach der Musik zu drehen. Der Stock blieb immer über ihm geschwungen. Der Mann redete rascher und lauter, er tobte förmlich, um den Esel in Gang zu halten, aber seine Worte klangen mir so, als ob er auch selber eine komische Figur verkörpere. Die Musik ging weiter und weiter, die Männer kamen aus dem Lachen nicht mehr heraus und sahen wie Menschen- oder Eselsfresser drein.

Ich blieb nur kurz und so kann ich nicht sagen, was weiter geschah. Mein Abscheu überwog meine Neugier. Längst hatte ich die Esel dieser Stadt ins Herz geschlossen. Auf Schritt und Tritt hatte ich Gelegenheit, über ihre Behandlung Empörung zu empfinden, und war doch ganz hilflos. Aber eine solche Jammerfigur eines Geschöpfs hatte ich noch nie zu Gesicht bekommen, und auf meinem Weg nach Hause suchte ich mich damit zu beruhigen, daß es diese Nacht bestimmt nicht überleben werde.

Der nächste Tag war ein Samstag und ich ging schon früh auf die Djema. Es war einer ihrer belebtesten Tage. Zuschauer, Darsteller, Körbe und Buden drängten sich, es war schwer, sich einen Weg durch die Menge zu bahnen. Ich kam an die Stelle, wo nachts zuvor der Esel gestanden war. Ich blickte hin und traute meinen Augen nicht: da stand er wieder. Er stand ganz allein. Ich betrachtete ihn genau, es war nicht zu verkennen, er war es. Sein Herr in seiner Nähe unterhielt sich friedlich mit ein paar Leuten. Es hatte sich noch kein Kreis um sie gebildet. Die Musiker waren nicht da, die Vorstellung hatte noch nicht begonnen. Der Esel stand genau so da wie in der Nacht zuvor. Sein Fell sah bei strahlendem Sonnenlicht noch abgeschabter aus als bei Nacht. Er kam mir elender, ausgehungerter und älter vor.

Plötzlich spürte ich einen Menschen im Rücken und vernahm heftige Worte im Ohr, die ich nicht verstand. Ich drehte mich um und verlor den Esel für einen Augenblick aus dem Auge. Der Mann, den ich gehört hatte, drängte sich in der Menge dicht an mich, aber es zeigte sich, daß er jemand anderen und nicht mich bedroht hatte. Ich wandte mich wieder dem Esel zu.

Er hatte sich nicht von der Stelle gerührt, aber es war nicht mehr derselbe Esel. Denn zwischen seinen Hinterbeinen, schräg nach vorn, hing ihm plötzlich ein ungeheures Glied herunter. Es war stärker als der Stock, mit dem man ihn nachts zuvor bedroht hatte. In der winzigen Zeitspanne, in der ich mich umgedreht hatte, war eine überwältigende Veränderung bei ihm vorgegangen. Ich weiß nicht, was er gesehen, gehört oder gerochen hatte. Ich weiß nicht, was ihm in den Sinn gekommen war. Aber dieses armselige, alte, schwache Geschöpf, das am Umfallen war und nur noch für störrische Dialoge zu verwenden, das man schlechter behandelte als einen Esel in Marrakesch, dieses Wesen, weniger als nichts, ohne Fleisch, ohne Kraft, ohne rechtes Fell, hatte noch so viel Lust in sich, daß mich der bloße Anblick vom Eindruck seines Elends befreite. Ich denke oft an ihn. Ich sage mir, wie viel von ihm noch da war, als ich nichts mehr sah. Ich wünsche jedem Gepeinigten seine Lust im Elend.

›Scheherezade‹

Sie war die Inhaberin einer kleinen französischen Bar, die
›Scheherezade‹ hieß, das einzige Lokal in der Medina, das
während der ganzen Nacht offen war. Es war manchmal
ganz leer, manchmal saßen drei oder vier Leute darin.
Wenn es aber voll war, am häufigsten zwischen zwei und
drei Uhr nachts, hörte man jedes Wort, das die anderen
Gäste sagten, und kam mit jedem ins Gespräch. Denn der
Raum war winzig und sobald zwanzig Menschen drin saßen oder standen, sah es aus, als müßte das Ganze bald
platzen.

Gleich um die Ecke war der leere Platz, die Djema el Fna,
keine zehn Schritte von der Bar entfernt. Einen größeren
Gegensatz kann man sich nicht denken. Um den Platz herum lagen armselige Menschen in Lumpen am Boden und
schliefen. Sie waren oft dem Gelände so angepaßt, daß
man darauf achtgeben mußte, nicht an sie zu stoßen. Wer
immer um diese Zeit am Platz auf Beinen stand und ging,
war verdächtig und es war besser, sich vor ihm in acht zu
nehmen. Das eigentliche Leben der Djema war längst zu
Ende, wenn das der kleinen Bar begann. Wer hier verkehr-
te, sah europäisch aus. Es kamen Franzosen, Amerikaner,
Engländer. Es kamen auch Araber; aber sie waren ent-
weder europäisch gekleidet oder sie tranken, und das allein
machte sie schon, zumindest in ihren Augen, zu modernen
Menschen oder Europäern. Die Getränke waren sehr teuer
und nur wohlhabende Araber wagten sich hinein. Die
Menschen in Lumpen, die auf dem Platze lagen, hatten
nichts oder zwei Franken in der Tasche. Die Gäste der

›Scheherezade‹ zahlten hundertzwanzig Franken für ein Gläschen Cognac und sie tranken mehrere rasch hintereinander. Auf dem Platze, bevor er einschlief, war man arabische Musik gewöhnt, die Radios jammerten laut aus jedem Lokal, das ein Dach sein eigen nannte. In der Bar gab es nichts als europäische Tanzmusik, aber gedämpft, und jeder, der da eintrat, kam sich fein vor. Madame Mignon sorgte für die neuesten Schlager. Sie war stolz auf ihre Platten und etwa jede Woche einmal kam sie mit einem neuen Stoß Platten ins Lokal, die sie eben eingekauft hatte. Sie führte sie ihren Stammgästen vor und war am individuellen Geschmack ihrer Kunden lebhaft interessiert.

Sie war in Shanghai geboren, von einem französischen Vater und einer chinesischen Mutter. Ihre Augen waren geschlitzt gewesen, aber sie hatte sie durch eine Operation regulieren lassen und so war nur noch wenig von ihrem chinesischen Charakter übrig geblieben. Sie verheimlichte ihre chinesische Mutter nie. Sie hatte in anderen französischen Kolonien gelebt, bevor sie nach Marokko kam, einige Jahre war sie in Duala gewesen. Sie hatte gegen alle Nationen etwas einzuwenden, so naive und unerschütterliche Vorurteile wie bei dieser Frau habe ich noch nie erlebt. Aber auf Franzosen und Chinesen ließ sie nichts kommen, und sie fügte immer stolz hinzu: »Meine Mutter war eine Chinesin. Mein Vater war ein Franzose.« So zufrieden war sie mit sich und so viel hatte sie gegen ihre Kunden einzuwenden, falls sie anderen Ursprungs waren.

Ich erwarb ihr Vertrauen durch ein langes Gespräch, als ich einmal im Lokal mit ihr allein war. Wenn meine Freunde von der englischen Filmtruppe vergessen hatten, vorm Weggehen ihre Runden für die anderen zu bezahlen, sprang ich manchmal ein. So hielt sie mich für reich; auf eine heimliche Weise reich, wie es bei Engländern üblich sei, denen man es selten an den Kleidern ansehe. Irgend jemand, vielleicht um Madame Mignon zum Narren zu halten, hatte mich für einen Psychiater ausgegeben. Da ich oft ruhig dort saß, ohne ein Wort zu sagen, und später, allein mit ihr, sie eingehend über die Gäste befragte, beschloß sie, diesem Gerücht Glauben zu schenken. Ich widersprach nicht, es paßte mir, sie erzählte mir so mehr.

Sie war mit Monsieur Mignon verheiratet, einem großen, starken Kerl, der in der Fremdenlegion gedient hatte und ihr nur wenig in ihrer Bar half. Wenn keine Gäste da waren, schlief er gerne, auf den Bänken des winzigen Raumes ausgestreckt. Sobald aber Gäste kamen, die er kannte, nahm er sie ins französische Bordell hinüber, das ›LA RIVIERA‹ hieß und ein paar Minuten von der Bar entfernt war. Er verbrachte gern ein, zwei Stündchen dort, kam zurück, gewöhnlich mit seinen Gästen. Man erzählte der Frau, wo man gewesen war, berichtete ihr über neue Mädchen, die im Bordell eingetroffen waren, trank etwas und ging vielleicht später, mit anderen Kunden, wieder in die ›Riviera‹. Es war das häufigste Wort, das man in der ›Scheherezade‹ hörte.

Monsieur Mignon hatte ein rundes, verschlafenes Knabengesicht über strotzenden Schultern. Er lächelte faul und sprach für einen Franzosen erstaunlich langsam und wenig. Auch die Frau konnte schweigen, sie hatte ihre Empfindlichkeit und drängte sich nicht leicht auf. Aber hatte sie einmal zu sprechen begonnen, so hörte sie schwer wieder auf. Er spülte indessen ein paar Gläser oder schlief oder ging in die ›Riviera‹. Madame erlaubte ihrem starken Mann nie, betrunkene Gäste, die frech wurden, hinauszuwerfen.

Sie besorgte das alles selber. Das Lokal gehörte ihr, und für gefährliche Fälle hatte sie einen Gummiknüppel hinter der Bar versteckt, da wo auch die Grammophonplatten lagen. Ihren Freunden zeigte sie diesen Knüppel gerne her, wobei es nie ohne anzügliches Gelächter abging, und sagte dazu: »Er ist nur für Amerikaner.« Mit betrunkenen Amerikanern hatte sie die größten Schwierigkeiten und so galt auch diesen ihr glühender Haß. In ihren Augen gab es zwei Arten von Barbaren, Eingeborene und Amerikaner.

Ihr Mann war nicht immer bei der Fremdenlegion gewesen. Eines Tages wandte er sich auf seine halb faule, halb schlaue Weise an mich und fragte: »Sie sind ein Doktor, ein Doktor für die Verrückten, nicht wahr?« »Warum glauben Sie das?« fragte ich und stellte mich überrascht. »Man hat es uns gesagt. Ich war zwei Jahre in einem Irrenhaus bei Paris, als Wärter.« »Da verstehen Sie etwas davon«, sagte ich und er fühlte sich geschmeichelt. Er erzählte mir von seinem Berufe damals, und wie er sich bei den Irren ausgekannt und genau gewußt habe, welche gefährlich waren und welche nicht. Er hatte seine eigene, einfache Klassifikation für sie, je nachdem wie gefährlich sie ihm erschienen waren. Ich fragte ihn nach Verrückten in Marrakesch aus und er erwähnte einige stadtbekannte Fälle. Von diesem Abend an behandelte er mich ein wenig wie einen ehemaligen Vorgesetzten aus derselben Berufssphäre. Wir sahen uns auch an, wenn jemand im Lokal sich ein bißchen verrückt aufführte; und hie und da bot er mir sogar einen Gratis-Cognac an.

Madame Mignon hatte eine Freundin, eine einzige, von der sie ausgiebigen Gebrauch machte. Sie hieß Ginette und kam immer. Meist saß sie auf einem der hohen Stühle vor der Bar und wartete. Sie war jung und herausgeputzt und von sehr bleicher Gesichtsfarbe, wie ein Mensch, der die ganze Nacht auf ist und bei Tag schläft. Sie hatte vorstehende Augen, jeden Augenblick drehte sie sich nach der Tür der Bar um, ob ein Gast komme; ihre Augen wirkten dann so, als klebten sie auf der Scheibe.

Ginette sehnte sich nach einem Ereignis. Sie war zweiundzwanzig und noch nie aus Marokko draußen gewesen. Sie war hier geboren, von einem englischen Vater, der nach Dakar gegangen war und sich nicht um sie scherte und einer italienischen Mutter. Sie hörte gerne englisch reden, weil es sie an ihren Vater erinnerte. Was dieser trieb, warum er in Marokko gewesen und dann nach Dakar gegangen war, konnte ich nicht erfahren. Sowohl Madame Mignon wie sie selber erwähnten ihn manchmal mit Stolz und sie ließen, ohne es eigentlich zu sagen, durchblicken, daß er wegen der Tochter verschwunden war. Sicher wünschten sich beide, daß es so sei, denn da der Vater sich nicht um sie kümmerte, war es immerhin etwas, daß er die Stadt, in der sie lebte, geradezu mied. Von der Mutter sprach man nie; ich hatte den Eindruck, daß sie noch in Marrakesch lebe, aber man war nicht stolz auf sie. Vielleicht war sie arm, oder ihr Beruf nicht besonders ehrenvoll, vielleicht hielt man nicht viel von Italienern. Ginette träumte von einem Besuch in England, auf das sie sehr neugierig war. Aber sie wäre überall hingegangen, auch nach Italien; sie wartete auf einen Ritter, der sie von Marokko wegnehme. In Stunden, da die Bar leer war, schien sie besonders erwartungsvoll. Der Abstand von ihrem hohen Stuhl bis zur Tür betrug vielleicht drei Meter, aber wenn diese aufging, fuhr sie jedesmal zurück, als hätten ihre Augen einen Stoß bekommen.

Ginette war nicht allein, als sie mir zuerst auffiel. Sie saß neben einem sehr jungen Mann von mädchenhaftem Aussehen, der noch mehr herausgeputzt war als sie; seine großen dunklen Augen und die braune Gesichtsfarbe verrieten den Marokkaner. Sie stand auf sehr vertrautem Fuße mit ihm und oft kamen sie zusammen ins Lokal. Ich hielt sie für ein Liebespaar und pflegte sie zu betrachten, bevor ich etwas über sie erfahren hatte. Er sah immer so aus, als käme er stracks aus dem Kasino. Er war nicht nur in seiner Kleidung französischen Gepflogenheiten ganz angepaßt: er ließ sich öffentlich von Ginette liebkosen, was für einen Araber als größte Schande gilt. Sie tranken viel. Manchmal hatten sie einen Dritten bei sich, einen Menschen von vielleicht dreißig Jahren, der etwas männlicher wirkte und nicht ganz so geschniegelt war.

Als Ginette zum ersten Mal das Wort an mich richtete, – ziemlich scheu, weil sie mich für einen Engländer hielt –, saß sie vor der Bar; ich saß rechts von ihr und ihr junger Mann war auf der anderen Seite. Sie fragte nach dem Fortgang des Films, den meine Freunde in Marrakesch drehten. Er war für sie kein kleines Ereignis, und sie wäre, wie ich bald merkte, für ihr Leben gern in den Film hineingekommen. Ich erwiderte höflich auf ihre Fragen. Madame Mignon freute sich, daß wir endlich zusammengekommen waren, ihre beste Freundin und ich. Wir unterhielten uns eine Weile, dann stellte sie mir den jungen Mann zu ihrer Linken vor, sie war mit ihm verheiratet. Ich wunderte mich darüber, alles andere hätte ich eher gedacht. Sie lebten schon seit einem Jahr zusammen. Zu zweit gaben sie einem den Eindruck, als wären sie noch auf ihrer Hochzeitsreise. Aber wenn Ginette ohne ihn da saß, blickte sie immer sehnsüchtig nach der Tür, und es war dann keineswegs ihr Mann, den sie sich herbeiwünschte. Ich fragte sie unter taktvollen Scherzen nach ihrer Lebensweise aus und erfuhr, daß sie um drei Uhr nachts aus der Bar nach Hause gingen, ihr Nachtmahl einzunehmen. Gegen fünf Uhr früh legten sie sich schlafen und schliefen bis in den Nachmittag hinein.

Was ihr Mann arbeite? fragte ich. »Nichts«, sagte sie, »er hat seinen Vater.« Madame Mignon, die zuhörte, lächelte boshaft bei dieser Auskunft. Der braune, mädchenhafte junge Mann lächelte schüchtern, aber doch so, daß er viel von seinen schönen Zähnen zeigte. Seine Eitelkeit überstrahlte alles, selbst die peinlichste Verlegenheit. Wir luden einander zum Trinken ein und kamen ins Gespräch. Ich merkte, daß er so verwöhnt war, wie er aussah. Ich fragte ihn, wie lange er in Frankreich gelebt hatte. Er wirkte so durchaus französisch. »Nie«, sagte er. »Ich bin nie aus Marokko hinausgekommen.« Ob er gern nach Paris möchte? – Nein, dazu habe er keine Lust. Ob er nach England möchte? – Nein, eigentlich nicht. – Ob er überhaupt wohin möchte? – Nein. – Er antwortete auf alles schwach, als habe er keinen rechten Willen. Ich spürte, daß es da noch etwas geben müsse, wovon er nicht sprach, etwas, was ihn an diesen Ort binde. Ginette konnte es nicht sein, denn sie gab deutlich zu verstehen, daß sie überall lieber wäre als hier.

Das Paar, das so glatt und gewöhnlich schien, blieb mir rätselhaft. Ich sah sie jede Nacht in der kleinen Bar. Außer für die Fremden, die das Lokal betraten, interessierten sie sich für eines: die Grammophonplatten der Madame Mignon. Sie äußerten Wünsche nach bestimmten Liedern; manche fanden sie so schön, daß sie sechsmal hintereinander gespielt wurden. Dann ging es ihnen in die Beine und sie begannen in dem winzigen Raum zwischen Bar und Tür zu tanzen. Sie legten ihre Gliedmaßen so dicht übereinander, daß es ein wenig peinlich war, ihnen zuzusehen. Ginette hatte Freude an dieser intimsten Art des Tanzens, aber der Zuschauer wegen beschwerte sie sich über ihren Mann: »Es ist schrecklich mit ihm. Er will nicht anders tanzen. Ich hab's ihm so oft gesagt. Er sagt, er kann nicht anders.« Dann begann der nächste Tanz, und wenn sie einmal soweit waren, achtete sie genau darauf, keine einzige Drehung der Grammophonplatte zu versäumen. Ich stellte mir Ginette in einem andern Lande vor, da wo es sie hinzog, und wie sie dort genau dasselbe Leben führen würde, mit denselben Menschen, zu derselben Zeit, und ich sah sie in London zu denselben Platten tanzen.

Eines Nachts, als ich allein in der Bar war, fragte mich Madame Mignon, wie mir Ginette gefalle. Ich wußte, was sich gehört und sagte: »Sie hat ein angenehmes Naturell.«

»Sie ist nicht mehr zu erkennen!« sagte Madame Mignon. »Wenn Sie wüßten, wie sie sich in diesem Jahr verändert hat! Sie ist unglücklich, die Arme! Sie hätte ihn nicht heiraten sollen. Diese Eingeborenen sind alle schlechte Ehemänner. Sein Vater ist reich, er ist aus guter Familie, das ist wahr, aber er hat ihn enterbt, weil er Ginette geheiratet hat. Und ihr Vater will nichts von ihr wissen, weil sie einen Araber geheiratet hat. Jetzt haben sie beide nichts.«

»Ja wie leben sie denn, wenn er nicht arbeitet und sein Vater ihm nichts gibt?«

»Das wissen Sie nicht? Sie wissen nicht, wer sein Freund ist?«

»Nein, wie soll ich das wissen?«

»Sie haben ihn doch hier mit ihnen sitzen sehen. Sein Freund ist ein Sohn des Glaoui. Er ist sein Günstling. Das dauert schon lang. Der Glaoui ist jetzt böse mit seinem

Sohn. Er hat nichts gegen Frauen. Er will, daß seine Söhne Frauen haben, soviel sie wollen. Aber das mit Männern mag er nicht. Vor ein paar Tagen hat er seinen Sohn weggeschickt.«

»Und davon hat der Mann der Ginette gelebt?«

»Ja. Und von ihr auch. Er zwingt sie, mit reichen Arabern zu schlafen. Da ist besonders einer, am Hof des Sohnes des Glaoui, der die Ginette mag. Er ist nicht mehr jung, aber er ist reich. Sie hat ihn erst nicht wollen, aber ihr Mann hat sie gezwungen. Jetzt hat sie sich an ihn gewöhnt. Jetzt schlafen sie oft zu dritt. Ihr Mann schlägt sie, wenn sie nicht will. Aber das ist jetzt nur bei andern, er ist sehr eifersüchtig. Er läßt sie nur mit Männern schlafen, die dafür zahlen. Er macht ihr Eifersuchtsszenen, wenn ihr einer gefällt. Er schlägt sie, wenn ihr einer nicht gefällt und sie ihn auch für Geld nicht mag und er schlägt sie, wenn ihr einer so gefällt, daß sie ohne Geld mit ihm schlafen möchte. Drum ist sie doch so unglücklich. Das arme Mädchen, sie kann nie machen, was sie will. Sie wartet auf einen Mann, der sie wegholt von hier. Ich möchte es ihr wünschen, daß sie wegkommt, sie tut mir leid. Dabei ist sie meine einzige Freundin hier. Wenn sie weggeht, habe ich niemanden.«

»Sie sagen, der Glaoui ist böse mit seinem Sohn?«

»Ja, er hat ihn auf einige Zeit weggeschickt. Er hofft, er wird seinen Liebling vergessen. Aber er wird ihn nicht vergessen, die sind so aufeinander eingestellt.«

»Und der Freund der Ginette?«

»Der ist auch fort. Der mußte mit. Der gehört doch zum Hof des Sohnes des Glaoui.«

»Die sind jetzt beide weg?«

»Ja. Es ist ein schwerer Schlag für sie. Jetzt haben sie kein

Geld. Sie müssen von Schulden leben. Aber das wird nicht lange dauern. Der Glaoui hat es schon ein paarmal versucht, die beiden zu trennen. Der Sohn kommt immer zurück. Er hält es nicht aus, auf die Dauer hält er es ohne den Mann der Ginette nicht aus. Nach einigen Wochen ist er wieder da, und sein Vater gibt nach.«

»Da wird alles wieder gut werden.«

»Ach ja, das wird schon wieder werden, das ist nichts Ernstes. Er ist ein bißchen gereizt mit ihr deswegen, das ist alles. Er versucht, jemand für die Zwischenzeit zu finden. Drum hat er mit Ihnen gesprochen. Man sagt, daß Sie sehr reich sind. Er hat erst an sich gedacht, aber ich habe ihm gesagt, das ist nichts. Sie sind mir viel zu gut für ihn. Gefällt Ihnen die Ginette?«

Erst jetzt begann ich zu begreifen, daß mein vermeintlicher Reichtum mir einen bösen Streich gespielt hatte. Aber in einem Punkte tat ich Madame Mignon unrecht.

»Man müßte sie von hier wegnehmen«, sagte sie. »Geben Sie ihm kein Geld für die Ginette. Es geht, wie es kommt, und dem armen Mädchen ist nicht geholfen. Sie wird sich nie was mit ihm ersparen. Er nimmt ihr alles weg. Fahren sie einfach weg mit ihr. Sie hat mir gesagt, daß sie mitkommt, wenn Sie wollen. Er kann nicht weg. Schließlich gehört er zum Hofstaat des Sohnes des Glaoui und da kann er nicht so einfach weg. Er würde gar keinen Paß bekommen. Das Mädchen tut mir so leid. Sie sieht von Tag zu Tag schlechter aus. Sie hätten sie vor einem Jahr sehen sollen, wie frisch sie war, wie eine Knospe. Sie braucht gute Behandlung und ein vernünftiges Leben. Sie ist eben doch eine Engländerin. Natürlich, wie der Vater. Dabei ist sie so lieb. Man möchte es gar nicht glauben. Hätten Sie sie für eine Engländerin gehalten?«

»Nein«, sagte ich. »Oder vielleicht doch. Vielleicht hätte ich sie an ihrer Feinheit als Engländerin erkannt.«

»Nicht wahr«, sagte Madame Mignon. »Sie hat etwas Feines. Wie eine Engländerin. Ich persönlich mag die Engländer nicht. Sie sind mir zu ruhig. Schauen Sie Ihre Freunde an! Da sitzen sieben, acht Leute einen ganzen Abend da, stundenlang, und man hört keinen Laut. Das ist mir unheimlich. Man weiß nie, ob nicht ein Lustmörder dahintersteckt. Aber verglichen mit den Amerikanern – die mag ich schon gar nicht. Das sind Barbaren. Haben Sie meinen Gummiknüppel gesehen?« Sie nahm ihn hinter der Bar hervor und schwang ihn ein paarmal hin und her. »Den habe ich nur für Amerikaner. Er hat mir schon oft genützt, das kann ich Ihnen sagen!«

Der Unsichtbare

In der Dämmerung ging ich auf den großen Platz in der
Mitte der Stadt, und was ich da suchte, waren nicht seine
Buntheit und Lebendigkeit, die waren mir wohl vertraut,
ich suchte ein kleines, braunes Bündel am Boden, das nicht
einmal aus einer Stimme, das aus einem einzigen Laut
bestand. Es war ein tiefes, langgezogenes, surrendes
»-ä-ä-ä-ä-ä-ä-ä-«. Es nahm nicht ab, es nahm nicht zu,
aber es hörte nie auf, und hinter all den tausendfältigen
Rufen und Schreien des Platzes war es immer vernehmbar.
Es war der unveränderlichste Laut der Djema el Fna, der
sich im Verlauf eines ganzen Abends und von Abend zu
Abend immer gleich blieb.
Schon aus der Ferne horchte ich darauf. Eine Unruhe trieb
mich hin, für die ich keine rechte Erklärung weiß. Ich wäre
auf alle Fälle auf den Platz gegangen, so vieles dort zog
mich an; und ich zweifelte nie daran, daß ich ihn wieder
vorfinden würde, mit allem, was zu ihm gehörte. Nur um
diese Stimme, die zu einem einzigen Laut reduziert worden war, verspürte ich etwas wie Bangen. Sie war an der
Grenze des Lebendigen; das Leben, das sie erzeugte, bestand aus nichts anderem als diesem Laut. Ich horchte be-
gierig und ängstlich und dann erreichte ich immer einen
Punkt auf meinem Weg, genau an derselben Stelle, wo ich
es plötzlich hörte, wie das Surren eines Insekts:
»ä-ä-ä-ä-ä-ä-ä-ä-.«
Ich spürte, wie eine unbegreifliche Ruhe sich durch meinen Körper verbreitete, und während mein Schritt bis jetzt
etwas zögernd und unsicher gewesen war, ging ich nun

plötzlich mit Bestimmtheit auf den Laut los. Ich wußte, wo er entstand. Ich kannte das kleine, braune Bündel am Boden, von dem ich nie mehr gesehen hatte als ein dunkles und rauhes Stück Stoff. Ich hatte nie den Mund gesehen, dem das »ä-ä-ä-ä-ä-« entstammte; nie das Auge; nie die Wange; keinen Teil des Gesichts. Ich hätte nicht sagen können, ob dieses Gesicht das eines Blinden war oder ob es sah. Der braune, schmutzige Stoff war wie eine Kapuze ganz über den Kopf heruntergezogen und hielt alles verdeckt. Das Geschöpf – es mußte eines sein – kauerte am Boden und hielt den Rücken unterm Stoff gebeugt. Es war wenig vom Geschöpf da, es wirkte leicht und schwach, das war alles, was man vermuten konnte. Ich wußte nicht, wie groß es war, denn ich sah es nie stehen. Was davon am Boden war, hielt sich so nieder, daß man ahnungslos darübergestolpert wäre, hätte der Laut je aufgehört. Ich sah es nie kommen, ich sah es nie gehen; ich weiß nicht, ob es hingebracht und abgelegt wurde, oder ob es auf eigenen Beinen ging.

Die Stelle, die es sich ausgesucht hatte, war gar nicht geschützt. Es war der offenste Teil des Platzes und ein unaufhörliches Kommen und Gehen auf allen Seiten des braunen Häufleins. An belebten Abenden verschwand es unter den Beinen der Menschen, und obwohl ich genau wußte, wo es war, und die Stimme immer hörte, hatte ich Mühe, es zu finden. Aber dann verliefen sich die Leute, und es blieb in seiner Stellung, als rings um es der Platz schon weit und breit leer war. Dann lag es in der Dunkelheit wie ein weggelegtes altes und sehr schmutziges Kleidungsstück, das jemand loswerden wollte und verstohlen unter den vielen Leuten fallen ließ, damit man nicht auf ihn aufmerksam würde. Jetzt aber hatten sich die Leute verlaufen und das Bündel allein lag da. Ich wartete nie, bis es sich erhob oder abgeholt wurde. Ich schlich mich in die Dunkelheit davon, mit einem würgenden Gefühl von Ohnmacht und Stolz.

Die Ohnmacht galt mir selbst: Ich fühlte, daß ich nie etwas unternehmen würde, um hinter das Geheimnis des Bündels zu kommen. Ich hatte Scheu vor seiner Gestalt; und da ich ihm keine andere geben konnte, ließ ich es dort am Boden liegen. Wenn ich in die Nähe kam, gab ich mir Mühe, nicht daranzustoßen, als könnte ich es verletzen und gefährden. Es war jeden Abend da, und jeden Abend stand mein Herz still, wenn ich den Laut zuerst ausnahm, und es stand dann wieder still, wenn ich es gewahrte. Sein Weg hin und zurück war mir noch heiliger als mein eigener. Ich spürte ihm nie nach und ich weiß nicht, wo es für den Rest der Nacht und des kommenden Tages verschwand. Es war etwas Besonderes, und vielleicht hielt es sich dafür. Ich fühlte mich manchmal versucht, mit einem Finger ganz sacht an die braune Kapuze zu rühren – das mußte es bemerken, und vielleicht besaß es einen zweiten Laut, mit dem es darauf erwidert hätte. Aber diese Versuchung ging immer in meiner Ohnmacht rasch unter.

Ich sagte, daß mich beim Davonschleichen noch ein anderes Gefühl würgte: Stolz. Ich war stolz auf das Bündel, weil es lebte. Was es sich dachte, während es hier tief unter den anderen Menschen atmete, werde ich nie wissen. Der Sinn seines Rufes blieb mir so dunkel wie sein ganzes Dasein: Aber es lebte und war täglich zu seiner Zeit wieder da. Ich sah nie, daß es Münzen aufhob, die man ihm hinwarf; man warf ihm wenig hin, nie lagen mehr als zwei oder drei Münzen da. Vielleicht besaß es keine Arme, um nach den Münzen zu greifen. Vielleicht besaß es keine

Zunge, um das »l« in »Allah« zu formen, und der Name Gottes verkürzte sich ihm zu »ä-ä-ä-ä-ä-«. Aber es lebte, und mit einem Fleiß und einer Beharrlichkeit ohnegleichen sagte es seinen einzigen Laut, sagte ihn Stunden und Stunden, bis es auf dem ganzen weiten Platz der einzige Laut geworden war, der Laut, der alle anderen Laute überlebte.

Inhalt

Elias Canetti
in der Reihe Hanser

Die Stimmen von Marrakesch
Aufzeichnungen nach einer Reise.
Band 1. 7. Auflage 1976. 108 Seiten.

Der andere Prozeß
Kafkas Briefe an Felice.
Band 23. 4. Auflage 1973. 132 Seiten.

Alle vergeudete Verehrung
Aufzeichnungen 1949–1960.
Band 50. 1970. 144 Seiten.

Die gespaltene Zukunft
Aufsätze und Gespräche.
Band 111. 1972. 144 Seiten.

Masse und Macht
2 Bände.
Band 124. 1973. 320 Seiten.
Band 125. 1973. 240 Seiten.

Canetti lesen
Erfahrungen mit seinen Büchern.
Herausgegeben von Herbert G. Göpfert.
Band 188. 1975. 168 Seiten.

David Roberts
Kopf und Welt
Elias Canettis Roman ›Die Blendung‹
Aus dem Englischen von Helga und Fred Wagner.
1975. 216 Seiten.